汉译世界学术名著丛书

法 哲 学 导 论

〔美〕庞德 著

于柏华 译

商务印书馆
The Commercial Press

Roscoe Pound

An Introduction to the Philosophy of Law

Copyright,1922,by Yale University Press

本书根据耶鲁大学出版社1922年版译出

汉译世界学术名著丛书
出版说明

我馆历来重视移译世界各国学术名著。从20世纪50年代起,更致力于翻译出版马克思主义诞生以前的古典学术著作,同时适当介绍当代具有定评的各派代表作品。我们确信只有用人类创造的全部知识财富来丰富自己的头脑,才能够建成现代化的社会主义社会。这些书籍所蕴藏的思想财富和学术价值,为学人所熟悉,毋需赘述。这些译本过去以单行本印行,难见系统,汇编为丛书,才能相得益彰,蔚为大观,既便于研读查考,又利于文化积累。为此,我们从1981年着手分辑刊行,至2020年已先后分十八辑印行名著800种。现继续编印第十九辑,到2021年出版至850种。今后在积累单本著作的基础上仍将陆续以名著版印行。希望海内外读书界、著译界给我们批评、建议,帮助我们把这套丛书出得更好。

商务印书馆编辑部
2020年7月

目 录

前言 ……………………………………………………… 1
第一章 法哲学的功能 …………………………………… 3
第二章 法律的目的 ……………………………………… 24
第三章 法律的应用 ……………………………………… 44
第四章 责任 ……………………………………………… 65
第五章 财产 ……………………………………………… 88
第六章 契约 ……………………………………………… 109
参考文献 ………………………………………………… 133
索引 ……………………………………………………… 148

前　　言

本书原为耶鲁大学法学院1921—1922学年"斯托讲座"上的演讲稿。

一个研究黑格尔的秘密的形而上学家，如果他能成功保守这个秘密，将值得祝贺。一个试图介绍法哲学的梗概的人，或许很容易取得类似之成功。听众们或许会发现，他呈现的并非一个主题，而是两个，对其中一个主题听众比较了解，对另一个则不怎么熟悉。如果这个人是个哲学家，他可能会把高度组织化的哲学工具用于以下两种情形：一种是位于法律秩序的现象层面的法律片段；另一种是某些法学家眼中的法律，这些法学家基于另一种完全不同的哲学体系解释法律。看看斯宾塞的《论正义》中的参考文献，我们会注意到，他的法律史资料都取材于梅因的《古代法》，打上了英国历史学派的政治意识形态印记。由此我们可以很容易理解，为何实证主义者和黑格尔主义者使用极为不同的方法，却得出了相同的法律理论结论。另外，如果这个人是个律师，他很可能做的事情不过是告诉我们，不必过多地思虑如何运用他人复杂精致的理论体系来处理法律领域中那些最困难、最持久的问题。在部分美国法学家从柯勒那里获得普遍性的理论工具之前，在普通法中引入哲学，就好比一个编者，在阅读了不列颠百科全书中的"中国"

与"形而上学"词条之后,将它们组合在一起编纂"中国形而上学"。不过,在普通法中引入哲学确有必要。哲学一直是法律装备库中的"重器",恢复其应有地位的时机现已成熟。我们至少可以展示:哲学为法律科学的主要问题已经做了些什么;对于哲学能够有所帮助的、今日法律科学的那些更为醒目的问题,我们需要做什么;以及如何在以哲学的方式处理那些问题的时候,能够避免两种理论倾向,其一是 18 世纪的自然法学,其二是 19 世纪的形而上学法学,后者也正是律师们通常所了解的"哲学"。

罗斯科·庞德

哈佛大学法学院

1921 年 10 月 25 日

第一章　法哲学的功能

公元前5世纪,古希腊思想家开始思索:正当是因自然而正当,还是因制定(enactment)或惯习(convention)而正当。今天的社会哲学家关注社会控制的目的、伦理基础以及长效原则。在这2400年的时间跨度内,法哲学在研究人类制度方面都扮演着主导性角色。美国行政法与亚里士多德式政府权力三分的19世纪宪法架构之间的持久争斗,劳资纠纷的处理办法因违反自然权利无功而返,有着逻辑衍生能力的高级宪法观念(实际的宪法文本是其弱化的不完全反映)为今日之社会立法设置了门槛。这些都是我们平时可以看到的,过去的法哲学思想全面彻底地影响着今日之正义实施(administration of justice)的例子。在19世纪,律师们蔑视哲学,法学家则相信他们已经建立起一套自足的法律科学体系,无须哲学的帮助即可维系。但实际上,法庭的日常运转从没像19世纪那样如此完全地被抽象的哲学理念所型塑。

在所有那些可以公允地称之为法律发展的历史阶段,哲学都是一个有用的仆人。但有时它是一个暴虐的仆人,就差没当主人了。它常被用来打破陈腐传统之权威;驯服那些面对严重扭曲其实践效果的新情况仍因循守旧的权威性规则;为法律注入新元素,用这些新素材为法律塑造新内容;组织规整现存法律素材将其系统化；当法律从成长期进入稳定期、仅需要形式性重构时，哲学则被用来强化已经确立的规则与制度。这些都是它的实际成就，然而一直以来，它追求的目标在范围上都远超于此。它试图为我们提供一幅完整且终极的社会控制图景；它试图制定一套行诸万世的道德、法律与政治章程；它自诩能够发现那永恒不变的、可供人们依赖的法律实体(legal reality)，凭借它我们能够确立一套完美的法律，人际关系因此得以永久地有序化，既无不确定之虞，也无改变之必要。我们不必去嘲笑此种野心勃勃的目标以及此种高调之信念。对于哲学追求的那些较为实际的目标(这些目标合在一起构成了法律成就的骨骼与筋肉)，它们的影响力不容小觑。为了成就那种更大的企图，法哲学偶尔也会做些面向当下与实践的服务工作，在做这些工作的时候，正如它的一贯风格，它赋予那些看起来不过是哲学研究副产品的东西以持久之价值。

法律的哲学思考被两种需求所左右。一方面，人们对普遍安全(general security)享有的至高之社会利益，作为一种和平与秩序利益，它指明了法律的来由，引导人们为人类行动一定程度的有序化寻求某种可靠基础，此秩序应限制官方与个人之恣意，确保一种稳定牢固的社会秩序。另一方面，那些没那么紧迫的社会利益之压力，以及将它们与普遍安全之紧迫需求相协调、并适应社会的不断变化连续达成新的妥协之需求，总是要求我们至少对社会秩序的细节进行不断调整。此种需求也一直要求我们全面检视法律内容，使它们与新的社会情势相适应。这也促使人们探寻法律发展之原则，凭借该种原则，人们可以摆脱那些适用效果不好、使人忧虑或不知所措的权威性规则。然而，这些有关法律之变动与成

第一章 法哲学的功能

长的原则,或许很容易对普遍安全构成威胁,有必要将这些原则与法律秩序的稳固基础之理念相协调或统合。由此,哲学家着手建构法律理论与立法理论,并力图通过某种终极的问题解决理念统合它们,而这就相当于要求哲学家去构想一种完美的、永恒不变的法律。自从立法者不再试图诉诸于这样一种信念来维持普遍安全,即具体的人类法律形式源自于神定、神启或神裁,他们就必须竭力应对这样一种问题,即如何向人类证明,法律是稳定、确定的,其权威毋庸置疑,然而与此同时,它又需要不断地被调整,在人类欲望的无限变动之可能性的压力下,法律有时甚至需要进行剧烈的变革。哲学家为了回答这个问题,要么运用当时当地的实际法律体系中的素材,要么运用过去的、他们那一代人立基其上的法律素材。通过更为细致的观察可知,法哲学要么试图为当下的法律提供理性的说明;要么试图构想一般性的法律秩序理论,以满足特定时期法律发展的要求;要么试图将这二者获得的理论结论予以普遍性地阐发,使其足以应对所有时代与地域的法律。法律哲学史学家仅关注法哲学最后这个工作,但这是法哲学中价值最小的部分。着眼于法哲学赖以形成的特定时空的法律以及法律发展特定阶段的需求,我们才能够更为公允地评价过去的这些哲学思想,只有通过考察当时的法律及法律发展阶段与现今的异同,我们才能将这些哲学思想用于实现今日之目的。

我们知道,希腊的法律历史要从荷马史诗中的相关记载算起,一直到希腊化那个商业发达的时期。在其发展的第一阶段,国王凭借神启决定具体事务。在第二个阶段,依据习惯法做决策成为与寡头制相伴生的传统。再后来,公布法律之普遍要求催生了大量的法律制定活动。一开始，人们制定法律不外乎宣示。但制定法律很容易从公布既存习俗过渡到"托古改制"，再过渡到自觉地、毫不掩饰地进行变革，以及经由立法有意产生新规则。在公元前5世纪和公元前4世纪的雅典，一般来讲，法律由立法机构编纂，在适用上则是通过公民大会予以个别化执行。尽管有着书面之表现形式，它保留着原始法的流变性，从而能够为处于衡平与自然法阶段的罗马法（另一个法律流变期）提供哲学基础。希腊城邦并没有在编纂原始法律素材之后进入严格法阶段，而此发展阶段正是罗马在进入衡平与自然法阶段之前经历过的。所以说，在希腊，法律规则以个案衡平的方式被应用。个案衡平使我们联想到法语中的 *droit coutumier*，这是一种法律应用模式，如果它的应用结果想要与一种复杂社会秩序中的普遍安全需求相协调，一套运转良好并得到妥当理解的严格法，就是该模式得以良性展开的前提。在古典时期的雅典，νόμος 一词兼有"习俗""制定法"以及"一般法"的意思，这反映了存在于法律应用的形式与一致性要求上的不确定性，这是原始法的特征，促使我们思考此种模糊语义表征的现实情况。

如果我们看看德摩斯梯尼对雅典陪审团的告诫，我们或许能够理解希腊哲学家所面对的法律素材之性质。他说，人们应当遵守法律，理由有四个：(1)法律是神定的；(2)法律是由那些知晓过去之良俗的智者所教导的一种传统；(3)法律是从一种永恒不变的道德法典中推演而来；(4)法律是人们之间的协议，凭借信守承诺的道德义务而对他们有约束力。由此可知，这些观念的时间间隔并不长，在法律规定被认为是神启的产物、表达了决策的传统习俗之后不久,哲学家开始基于正当的永恒原则为法律求得一个更好的基础。与此同时,多数政治理论观点都认为法律不过是雅典公民达成的协议,目的是引导他们的行为来应对不可避免的日常利益冲突。后两种观念都反映了人们对法律的权威性理论的需求,该种理论将理性之束缚施加到立法者、执法者以及身处尚未定型的法律秩序中的法律适用对象身上。

为了解决希腊城邦的社会控制问题,法律需要获得某种比人的意志以及意志执行者的权力更为稳定的基础。想实现如下目的:维护普遍安全;在一种以血缘为纽带的社会中,在其不同部分发生冲突的背景下,确保社会制度的安全;防范那些自诩受命于天、有权势的个人之恣意;说服或强迫贵族以及普罗大众去维持社会的有序状态。此时就不能将法律说成是神的恩赐,而要这样说:不论贵族作为少数受到多大损害,由政客鼓动之大众立法仍要被遵守,因为这就是熟知良俗之智者所教导的;当平民被某些体现等级传统之条款惹怒时,仍被要求遵守它们,因为它们是得到所有人同意的。由此可见,社会秩序之维系迫切需要区分 $\nu\acute{o}\mu o \varsigma$ 与 $\nu o\mu\iota\zeta\acute{o}\mu\varepsilon\nu\alpha$,即"法(law)与法律(rules of law)"。《米诺斯》一书即便不是柏拉图本人所作,至少也是柏拉图式的,非常接近柏拉图当时的理论观点,这本书中就采用了这个区分,这为我们理解当时的法学问题提供了线索。

亚里士多德在其广为人知的《尼各马可伦理学》中的相关讨论,是此种区分的另一个例示。值得注意的是,希腊思想家总是把习俗与制定法律联系在一起理解(我们今天则是通过对比来理解二者),它们都是法律权威的形式基础。所以亚里士多德关心的,不是自然法与实在法这对概念,而是公正(just)自身(自然公正或理想公正)与那些仅仅从惯习或制定中获得其公正属性的东西。他认为,仅就那些本质上中性(indifferent)的事物而言,后者才成其为公正。所以,当一个刚得到重建的城邦,以一个在世的斯巴达将军来命名,此时人们并无自然义务将布拉西达斯当作祖先并向其献祭。但人们有来自于法律制定的义务做此事,毕竟,这事关惯习。在一个基于亲缘关系组建的社会里,此种惯习要求公民们有一个共同的英雄先祖,这对所有人都有着相同的道德意义。经阿奎那之手,此区分被现代法律科学所承袭,经由布莱克斯通的工作,它体现在美国法律思想中,并成为一种主要分类方式。但不应该从自然公正与制定公正之分中,引出自然犯与法定犯之分,如若不然,作为"法与法律"之分的个例,它实际是在为以下两种行为之任意界分张目:一种是被普通法惩罚的传统反社会行为,另一种是新近被惩罚的侵害(刚刚或部分被承认的)社会利益的行为。尽管在法哲学史上,自然公正和正当,与习俗或制定公正,长期以来一直被区分开,产生了很多相关理论成果,现在也仍然影响着正义实施过程,但我冒昧地说,"法与法律"之分才是古希腊法哲学的永恒贡献,该区分是自然公正与制定公正之分的基础,对法律发展的所有阶段都有着重要意义。

在从严格法阶段转向衡平与自然法阶段时,罗马的法律人接触到了哲学,在相当程度上,哲学知识帮助他们完成了这个转变过程。从纯粹法律的立场来看,希腊法还处于原始法阶段,法律与道德基本上没有被分开。形成于法律与道德不分家阶段的希腊哲学思想,在法学理论中体现为,法律与道德的同一化,而这正是古典时期罗马法的特点。但很明显,严格法与道德的关系不大,在很多重要方面都不同于当时的道德理念。此时就有必要引入希腊人区分的自然公正与惯习或制定公正。进一步地,处于共和国与帝国时代之交的罗马法律之形式,要求一种适合综合性法律的理论,该种法律包含多种类型法律规定,直接仰赖多种权威性基础。

西塞罗列举了七种法律形式,在其后的罗马法学家著作中,有三个没有被提到。很明显,在西塞罗那个时代,它们是过去的法律形式,不再是罗马法的实际类型。另外四个被保留下来,即制定法、元老会决议、行政长官法令,以及法律学者的权威理论,后来又变为三个:立法、行政法令,基于法律传统的法学理论。它们对应着法律的三个构成要素。其一,市民法。包括:十二铜表法、后续立法、对二者的解释、城邦的传统法律。其二,程序性规则。它们在法令中为数众多,是法律在过去的生长点,在某种程度上还继续刺激了法律的生长。直到哈德里安时期,此种法律的程序性内容发展到其最终形态。其三,法学家著作。它构成了法律后来的生长点,从奥古斯都到公元3世纪的罗马古典时期,它都是最为重要的法律形式,此种法律的终极形态就是《法学汇编》。在以上法律的三个构成要素中,第一个要素一开始被认为是习俗的宣告与公布,后来被认为是国家权威的产物。它很明显地体现了罗马的地方特色,在形式上,它的权威性来自于罗马人民的立法,经由对立法内容进行解释这个途径,又附加上了习惯接受之权威性。换用希腊人的说法:它的权威性来自于惯习与制定。第二个要素本来以公民为适用对象,就其商业法内容而言,确实近乎于此。然而,除此之外,依照人身法的古代观念,适用于公民的规则,也完全可用于公民与非公民之间。用希腊人的语言来表达：它是一种基于惯习的法律。第三个要素的基础很简单，就是理性。法学家既无立法权也无统治权，只要法律放弃了传统的等级观念，他们所做的"答问"的权威性基础，就是其内在合理性，就体现在它诉诸于理性以及法官的正义感。按照希腊人的理解，如果它算作一种法律的话，它就是一种自然法。

随着职业法律人的出现，法律的生长点转移到法学家著述中，城邦法开始转向万民法，二者吁求一种法律科学。由此产生了对"法律是什么"的理论的需求，需要它为前述实际上起作用的、三位一体之规则的起源与权威性给予理性说明，与此同时，法学家能够用它将既存法律规定予以理性型塑，从而使这些法律有可能成为一种适用于万民的法律。这样一来，法律的稳定性与变动性这对老矛盾尖锐地表现出来，毕竟，从奥古斯都时期到公元3世纪中叶以前，是一个法律的生长期。当我们将这个阶段末的法律与西塞罗以前的法律对比，可以说这也是一个法律的变革期。罗马法学家是实践型的法律人士，必然会注意到普遍安全上的至高社会利益。尽管作为一种理想，他们把法律等同于道德。但在严格法还可适用的情形下，他们并没有放弃遵守严格法；当老问题以新面貌呈现在他们面前时，他们也没有依照已知的传统技术、通过类比去发展完善其内容。所以说，希腊人区分的，自然正当与惯习和制定正当，对他们来讲，变成了基于自然的法律与基于习俗和立法之法律之别。与 $γὸ\ δίκαιον$（正当或公正）相当的拉丁词汇，被罗马法学家用来指称法律。在西塞罗说 *lex* 的场景，他们说 *ius*。通过此种语义上的混淆，应然与实然被等同起来，此种模糊之语义，为法学

第一章 法哲学的功能

家的如下信念提供了科学基础：在某种情形中没有可用的实在法时，他们就必须去阐明与系争问题相关的理性与正义，依此确定法律之内容。

不要忘记，"自然"一词在古人那里的含义，不同于它对深受进化论影响的我们所具有的意思。众所周知，对希腊人而言，自然的苹果指的不是野生的苹果（人工培育的苹果由其而来），而是神的苹果园里的金苹果。"自然"的物体是一种最为彻底地体现了该物之理念的物体，是完美之物。由此，自然法就是完美体现了法之理念的法律，一条自然法规则，就是完美体现了适用于相关问题的法律理念的规则，该规则使得该问题能够得到完美的解决。对法律的目的来讲，它的实体存在于此种理想的、完美的、自然的法律中，它的表达机制是法律理性。立法与法令，如果说它们不只有着政治权威的实证基础，那也不过是此种法律实体的不完全的、暂时的复制品。所以，法学家们提出了法理（ratio legis）之学说，即法律规则背后的自然法原则，它带来了很多实践上的好处，也导致了诸多解释上的认知混淆。法学家还提出了一种在所有法律规则之间进行类比推理的学说，不论它们源于传统还是来自于立法。这样做的理由在于，所有这些规则，都因为体现了或实现了一种自然法原则，同时也是在这种意义上，分享着法律实体。

自然法是一种以法律生长为问题指向的哲学理论，它的出现，是用来满足衡平与自然法阶段的社会需求，这是法律史上一个重要的创新期。然而，正如我们看到的，即便是法律最为快速之生长，也不允许法律人忽略稳定性之要求。自然法理论作为一种法律生长的手段而发挥作用，通过它，罗马城邦时期的严格法这株

"老树",抽出了万民法这条"新枝"。但它同时还有另外一种运作方式,它也可以以维护普遍安全为目的,引导、组织法律之生长。罗马法学家肩负的任务之一就是,以旧有的地方性法律素材为蓝本,建构与型塑出一种足以满足万民之要求的法律,与此同时,还要能够保证法律的一致性与可预见性。他们完成此任务的方式是,将一种新的同时也是已知的技术用在旧有法律素材之上。该技术是一种特定类型的法律理性,是一种等同于自然理性的法律理性,它在一种哲学理想的指导下被应用和发挥作用。按照自然法观念,所有实在法都不过是自然法的宣示,实际的规则需要接受它的评判,都要尽可能地与自然法保持一致,以其为媒介,可以形构新规则,限制或扩张旧规则的适用范围。由此可见,自然法观念是法学家手中的一件有力工具,使他们能够依照其信念履行其建构法律之任务。

市民法转变为万民法,不只是理论推动的结果。该转变也是一个类比推理的展开过程,表现为不断地将法律的具体内容予以限缩或扩张适用;它还是一个法律内容的一般化过程,一开始法律以行为准则的形式得以一般化,后来通过制定宽泛的原则而一般化;它还是一个小心谨慎地探索新路的过程,通过试错寻找发展方向与道路。这个过程非常类似于美国把 17 世纪的英国法律规定转换为普世性的法律,二者都体现了一种法律经验主义。这个过程需要某种能够为法律推理提供指引的东西,它可以赋予理想以确切内容,为法学家反思法律提供一个合理明确的渠道。事物之本质以及自然法的哲学理论满足了此种需求,在实践中,法学家造法与法官造法,有意无意地被法律使命的理念所型塑,即法律目的的理论。在法律发展的开端,人们想要的不过是一种和平的社会秩序,为此可以付出任何代价。但是在保证社会"现状"(*status quo*)和平有序方面,希腊人很快就有了一个更好的观念。当自然法理论被填充进这个观念,我们就获得了一个社会现状的理想形态的观念,此种形式展现了社会之本质,是一种给定文明完美的社会组织形式,是法律秩序需要予以维持和促进的对象。如此,法官和法学家得到了指引,并一直为其提供优良服务。他们用当下的理想社会秩序形式来评判所有情势,并以维持和促进此种理想的社会为指引,型塑法律的内容。在之后的法哲学历史发展阶段,我们会看到此种理念的多种不同表现形式。它是罗马人为法哲学做出的永恒贡献。

在中世纪,在法律发展开始科学化以后,经由大学里的学术研究,法律受到哲学更多的影响。这个时期哲学的使命为何?在经历了一段充斥着政治混乱、社会解体、暴力横行的时期之后,人们向往秩序、组织以及和平。他们吁求一种哲学,来为权威提供根据,为他们具有的用法律约束社会之需求提供合理性论证。这是一个从日耳曼人的原始法向严格法的转变期,转变方式不一:将罗马法作为权威性立法予以继受;或者在一定程度上,依照罗马法的模式编纂日耳曼习惯法(法兰西北部就是这么做的);或者由强势之中央法院将习惯法在判决中予以宣示(这是英国的做法)。由此,中世纪很快进入了严格法阶段。经院哲学因其如下几个特点正好能够回应上述之时代需求:将权威给定的前提予以辩证展开;信奉形式逻辑;核心问题是为权威提供理性基础。将14、15世纪的注释法学家和后注释法学家称为"经院法学家",并没有说错。

经院哲学在很大程度上是这样一种哲学,它如此彻底地满足了时代需求,使得后来的注释学者们能够将查士丁尼的罗马法转换成可以被9世纪以后的欧洲所接受和实施的形态。他们用注释替代法律原本的文本内容的时候,替换的范围是很广泛的,出于与一种整体上有别于罗马时期的社会秩序相适应的考虑,也确实需要此种法律内容的替换,只不过他们采用的方法,即把绝对的、不可置疑的前提辩证展开的方法,使得这个过程看起来不过是在展示权威文本的逻辑推论。人们能够接受巴托鲁斯诠释的法律内容,只要人们相信它不过是预先存在的、有约束力的查士丁尼立法内容的逻辑展开。很有意思的是,福斯科将此方法用于严格法时期的普通法规则。他认为,这些规则是他从亚里士多德的评注中看到的原则,它们可以媲美于几何公理。然而,那个时代并不要求这种意义上的规则、原则或公理。时代需要的是,为人们受稳固之规则支配的愿望提供合理根据,以及(至少在表面上)协调如下二者:其一,所有法律必定会生长变化;其二,人们需要稳固、不变、权威性的规则。在这些方面,经院哲学成效显著,它所采用的方法,我不揣冒昧,是对法律科学的永恒贡献,此方法将权威观念之内容予以逻辑展开,确保了法律的确定性。

在封建社会结构的解体期,商业兴起了,探索、殖民新大陆,开发其自然资源之时代到来,封建领地之松散联合开始向民族国家转变,这些都呼唤着一种在民族疆域内一体通行的民族国家法。斯塔基向亨利八世提出了法典化建议,杜摩兰呼吁通过制定法典协调、统一法兰西习惯法。16世纪的新教神学法学家,在神授国家和自然法中,为满足这些时代需求找到了哲学基础。此种自然

第一章　法哲学的功能

法摆脱了神学、仅仅依凭理性,反映了文艺复兴以来的人们对理性的无限信赖。当然,每一个民族主义法学家都凭借自己的理性解释自然法的内容,正如每一个基督徒都按照自己的理性与良知的指示解读上帝的言辞。另一方面,反宗教改革的天主教法学家,也在如下自然法以及实在法观念中,为这些时代需求之满足找到了哲学基础。此种自然法被理解为对人类行动的限制体系,体现了人之本质,即理想的、作为理性生物的人;此种实在法则是一种理想的体系,体现了统一之国家的本质。是时,这些理念被用来加强皇室权威,它们在主权的拜占庭理论中结出果实,成为公法之典范。在私法中,它们很快又做出了转向,因为,社会扩张与破除权威羁绊需要一个新的法律生长期,而它紧接着会对哲学提出新的、完全不同的要求。

注释法学家和评注法学家基于罗马法素材,为这样一种社会创制或型塑法律。该种社会是静态的、地域上封闭自足的、追求彼岸世界的;它敬畏权威的理由是,权威拯救了它,免于其畏惧之事物;它主要关心社会制度的安全,轻视个人生活,这是因为,在它的体制架构内,个人生活的最高目标存在于他者的生活中,这些人崇高伟大了,服侍他们的人也就崇高伟大了。在17、18世纪,法学家需要基于中世纪罗马法素材,为这样一种社会创制或型塑法律。此种社会是积极主动的、吁求改变的、地域上彼此依赖的、追求此岸世界的;它讨厌权威的理由是,权威妨碍了它欲求之实现;它热烈拥护个人主义,因为个人主义将自由之个人的自主(self-assertion)奉为最高的善。在英国,诞生于日耳曼法律素材(有时表面上也来自于罗马法)、服务于封建时期英格兰的严格法,也同样被替换内容,以完成在新世界里的正义实施之任务。这段法律发展期非常类似于罗马法的古典时期,哲学掌握了法律发展的舵盘;来自于法律之外的东西开始融入法律的理念;法律与道德在法学思考中被统一化;人们坚信,所有实在法都是自然法的宣示,并且从它宣示的自然法中获得其真正的权威性。法律理想主义引导法学家全面审视实在法的所有内容,用理性评判其规则,并且型塑、扩张、限制或建构新规则,确保实际的法律命令成为其理想的可信复制品。

但是,为基于血缘关系组建的社会而设计和发展起来的自然法,不足以满足如下社会的需要,此种社会将自身构想为个体之加总,并基于竞争性的自主而重组。ius 一词既有"正当"的意思,也有"法律"的意思,还有"权利"的意思,该词含义上的模糊再一次为我们带来了便利,借助 ius naturale,我们得到了自然权利之概念。与之前不同,终极事物不再是自然法,不仅仅是恒久有效的原则,而是自然权利,它代表着内在于人的、被理性所揭示的特定品性,是自然法的保障对象,实在法对其必须予以肯认。虽说后来这些自然权利构成了法学思想中混乱之根源,但在那个年代,它获得了极大成就。在此理论的影响下,法学家搞出了一套"法律权利",切实有效地保障了几乎所有个体人格利益与物质利益。自然权利为国王与封臣的关系中包含的、请求与义务的中世纪架构提供了科学基础,基于此种架构,法官发展出了英国人的"古老权利"(immemorial rights),并使得英国人的普通法权利成为所有人的自然权利,这些自然权利在我们的《权利法案》中被坚守。由此,对于自然法理论刺激的法律的生长状况,自然权利构成了必要之检验标准。在法律有完全丧失确定性的危险时,它保持着一定程度

第一章　法哲学的功能

上必要的严格性。自然权利发挥的此种维稳作用从另外一个方面被强化了，罗马法学家集教师、哲学家、实务人士于一身，作为律师，他对普遍安全有着迫切需求，这是因为，他深切感受到，关于法庭在特定事态下会如何行为，有必要为他人提供确定的建议。17、18世纪的法学家主要是教师和哲学家，幸运的是，他们受过训练，将罗马法作为至高权威予以接受，他们因此能够赋予自然法以内容，途径就是把自然法与他们了解的、先前被训练过的理想法律形式相等同。正如罗马法学家基于对城邦时期旧法的映像建构新法，他们基于理想化的罗马法来建构新法。在罗马法缺少权威性的地方，他们认为需要通过"法学-哲学"反思在细节上予以修正，这种反思体现了理性。

不论是自然权利还是自然法（当下实在法的理想形式、体现了自然的法律秩序），在19世纪都被人们所承袭，并被赋予了新的用途。在17、18世纪的法律成长过程中，它们发挥的功能不外乎引导法律按照既定轨道生长，确保法律规则与原理在生发过程中保持连续性与持续性。不论自然权利被构想为自然人之品性，还是被理解为推演自某种体现了人性的契约，重要的事情并不在于，法学家应该自束手脚，以免在设计新规定或者重塑旧原理时侵犯某种基本权利，而在于，他们应该放开手脚，巧妙地型塑规则、原理与制度，用它们来成就"人的'自然状态'之存在"这个理想。我们记得，自然状态是一种体现了作为理性生物的人之理想的状态，如果说，作为18世纪形式上过分提炼的应激反应，自然状态理念代表着返璞归真，那么在法学家手中，它是一种严格法阶段法律体系过分复杂的理性理想的朴素形态。所以，波蒂埃在辨析了罗马的契约概念之后,基于"自然"原则摒弃了它,该原则要求,人作为一种道德生物,应该遵守约定。波蒂埃主张,罗马法体系庞杂,较多任意性,根源在于,在法律保障的允诺的原初简单样态上,有诸多在不同时期的后续添加,罗马法因其"远离原初之朴素形态",不值得人们坚守。再一次,实在法的理想形式(赋予了自然法以内容),并非被历史性地发现的原则的理想形式,并基于历史上固定下来的限制持续制约着法律发展(像19世纪那样),它是法律之理的理想形式,即规则、原理、制度背后的理性,它展现了,在人际关系中,仅受理性与良知指引的理性之人类的本性。当人们试图确定法律不变的内容,为所有时代立下法律章程时,这意味着法律开始步入成熟期。18世纪的法典化企划,以及欧陆的法典化时代,在形式上依赖于自然法理论,由此,前两个世纪的法律生长结果,有了系统化形式,为法律的新时代奠定了基础。仅仅依凭理性,法学家能够从人之本性中推演出一整套法律内容,并将其在一个完美的法典中予以呈现。去吧!让他们去干吧!该种思维模式不属于法律的生长期,而是属于法律生长已经完成,自然法之哲学理论有了新使命之时期。

18世纪末,凯尼恩勋爵断言道,"曼斯菲尔德式革新"(Mansfield's innovations)不会出现了。确实,部分革新再也没有出现过。衡平很快被埃尔顿勋爵体系化了,变得如同法律自身一般"近乎稳固确定"。普通法吸收商人习惯法在大体上已经完成,只是在细节问题上又花了二十多年的时间。还有,后来的立法改革运动仅仅是将前两个世纪的法律理念予以细化。此时,法律正在将其生长期接受的东西消化吸收,法学家的任务不是创造,而是将法律内容予以有序

第一章 法哲学的功能

化、和谐化、系统化。同样地,欧陆法律也法典化了,一直到19世纪末期,所有的法典,不论其公布日期为何,实际上都是18世纪末的产物,除了少数例外,都不过是1804年法国民法典的复制品。在没有法典的地方,历史学派的霸权导致了一场回退到查士丁尼罗马法的运动,前一个世纪取得的进步因此差点尽数被毁。法学家把精力曾一度转到分析上,分类与体系成为他们唯一的工作内容。在完成法典化的地方,作为法律完整和最终的陈述,分析法律和阐释法律文本的教义,在接下来的百年成为法学家的唯一工作。往好处说,正如它的自我理解,这是一个法律成熟期。法律被认为是完整的、自足的,没有矛盾与漏洞,所需的仅仅是按部就班,结合具体情况展开其规则与概念的含义,系统地阐发其不同部分之内容。为了清除前两个世纪净化运动中的漏网之鱼,立法偶尔还有必要。除此之外,历史与分析就是法学家所需的全部理论工具,法学家用它们来呈现法律原理演变中蕴含的理念,展开其逻辑推论。很快,他们开始轻视哲学,经常把它划归到立法科学,在立法科学领域,在严格限制下,仍有可能思考创新问题。

然而,与之前的时代一样,19世纪离不开法哲学。我们发现,并非只有一种普遍被承认的哲学方法,而是有四种明显的哲学方法类型。但它们都导向了同样的结果,有着同样的精神内涵,同样制约着法学家的活动。它们都是当时法学需求的理性化模式,都源自于普遍安全利益之压力(法律生长期带来的应激反应),以及取得安全(security of acquisitions)、交易安全利益之要求(在经济扩张、工业昌盛的时代)。

在美国,自从18世纪阐发的自然法成为经典,我们在很大程度上依赖着一种自然法的美国变异形式:自然法体现的不是人的本质,而是政府的本质。此变种的一种形式,要归因于我们的一个学说:英国普通法在其与我们的社会条件和制度相适宜的范围内才是有效力的。当把这种学说予以哲学提升之后,已经接受的普通法的一种理想形式就被视为自然法,自然法就是推演自或蕴含在美国的制度之中的东西,代表着美国政体之本质。但是昨天,某州的最高法院教条地规定,地产的长子继承制(此种制度仍存在于某个原始州)无法相容于"宪法的基本原则",该原则要求所有州都要采取共和政体。然而,将我们的法院在违宪立法方面享有的权力予以哲学概括,是自然法的美国变种更为主要的产生原因。宪法是自然的宪法之宣示,后者则推演自自由政府的本质。既然宪法问题总是宪法解释问题,仅仅在形式上,它们关乎宪法的文本意义。在实质上,它们牵涉到超越文本的、普遍的宪法问题;法院所面对的制定之法律是否符合"所有宪法背后"的自然法原则?是否是自由之人民所设立的有限政府之理念的内在要求?既然现在(除了极少例外)法院放弃了此种思维模式,最高法院将宪法第五和第十四修正案的限制规定当作法律标准(legal standards)而适用,因此,有人说我们不再有宪法了。因为,除非自然法凌驾于所有人类的制定法律活动,所有规则都是它的宣示,否则就不能说有法律这回事。法律不论是谁制定的,法律之解释都要被法律所统治,不能生产法律。此种理念很难消除,用18世纪的话来说,我们的法院力图使我们的实在法(具体来讲,我们的立法)体现美国政治制度的本质,通过对它的型塑和限制,使其落实我们的政体理念。

第一章　法哲学的功能

在19世纪晚期,被理解为推演自美国政治制度(或者说"自由政府")的自然法,让位于一种产生自欧陆的"形而上学-历史"理论。依照此种理论,自然权利推演自个体自由意志的基本的形而上学推证论据(demonstrable datum),自然法是对实在法的理想化反思,目的是确保这些权利被反映在实在法体系内。历史向我们展示了体现在法律制度、规则与原理中的个人自由理念,法学将此理念的逻辑推论予以阐发,依此我们能够反思法律,以免我们徒劳地搞出一些超出了个体之间和谐共存所需范围的法律规定。此种思想模式特别适合这样一种法律观:法律位于抽象的个人与社会之间,保障前者的自然权利以对抗后者。美国法中的这种法律观源自于17世纪英国的法院与国王之间的对抗关系。把它抽象成个人与社会之间的对抗,这并不难做到;当普通法法院保障的英国人对抗国王的普通法权利,变成了由《权利法案》保障的个体据以对抗国家的、人的自然权利时,更容易进行此种抽象。

在英美,还有一些人转向了"功效-分析"理论,立法者被功效原则所指引,实现个体幸福的最大总量构成了立法的标准。法学家无须从事创造性活动,需要做的是,通过分析实在法发现普遍原则。他的工作是有条理地将其在法律中经由分析发现的原则予以逻辑展开,通过将法律内容体系化以及协调法律细节内容之间的逻辑关系,改进法律的形式。正如人们认为的,抽象个体自由地自主之最大化,就是人类幸福的最大化,结果,立法者忙于形式性地改进法律,用边沁的话来讲,使其更容易被"辨识"。法学家也发挥着类似的被限定的功能,这样他们才能应对仅仅来自法律自身的素材。在19世纪末,并不让人意外的是,形而上学法学家、历史法学家和分析法学家都很愿意这样说:他们采用的研究方法不是排他性的,而是互补性的。

19世纪末,实证主义社会学思想替代了"形而上学-历史"与"功效-分析"思想。依照这种思想,所有现象都被经由观察发现的无情的自然法则所决定。如行星之运动一般,道德、社会以及法律现象被法则所支配,完全超出人类有意控制之能力范围。我可以通过观察社会现象发现这些法则,也可以学会巧妙地顺从它,而不是鲁莽、马虎地违背它。除此之外,我们没法做更多的事情,法学家除了能够学会描绘某些不可避免的法律发展曲线,以免我们徒劳地对抗必然支配着法律演进的法则以外,法学家是无力的。很多人将此理论与"形而上学-历史"理论相结合或嫁接,并基于此种强化了的法律悲观主义,勇敢地与19世纪中后期以及18世纪初的社会立法相抗争。表面上看起来,当创新性法律科学存在时,为其提供帮助的希腊的自然公正理念(在罗马时期表现为自然法,在18世纪表现为自然权利),终于黔驴技穷。

然而,今天我们看到了自然法的复兴,法哲学在世界范围内扬眉吐气。我们需要依照法律的目的以及基于社会功效,评判法律规则、原理与制度,并指导其应用。我们有必要把法律及其应用问题置于当下社会理想之下。我们有责任去构架此时此地之社会文明的法律原理,依此评判法律及其应用,以便于通过法律促进社会文明发展,并使得过去时代传递下来的法律素材成为维持和促进今日之社会文明的手段。我们知道,通过观察看到的,由利益相似和劳动分工而来的人们在社会中的彼此依赖,是人类世界的核心事实。我们也知道,要依照法律在促进或干预此种依赖关系时发挥的功能,来评判法律及其应用。法律自足的时代已成过去,将法律在衡平和自然法时期从法律之外接收到的东西予以消化吸收的工作已经做完,将古典法律素材予以分析和历史性地展开,基本上不再有可能性。虽然法学家已经做了这些工作,但一种新的社会秩序正在形成,它带来了大量尚未得到满足的愿望,这对法律秩序提出了新的要求,也带来了新的压力。我们必须去建构法律,而非仅仅改进法律;我们必须去创造法律,而非仅仅将法律的内容有序化、体系化,协调其内容细节的逻辑关系。人们有必要在侵权法、公用事业法、行政法等法律的具体方面,比较今天的法律与上一代的法律,如此我们就能看到我们正处于新的转变阶段;就能知道不久之前的法律悲观主义不再有用,它的存在意义不过是,在已经被接收的东西尚未被消化完全的时候,使我们避免继续从法律之外汲取养分;我们还会预见到,明天的法学家会需要一些新的法哲学理论,他们会要求一些新的法律目的的哲学观念,与此同时,会想要些新的、稳定的哲学观念来维护普遍安全,以便使我们传递给他们的法律,能在他们那个时空条件下实现正义。

第二章　法律的目的

制定法律,或者叫作发现法律,预设了一幅人们正在做什么以及为何这么做的精神图景。因此,从希腊哲学家开始争辩法律权威性的基础开始,法律的本质一直是法学的主要论战场所。但是,法律的目的更多地在政治学中被讨论,法学讨论得较少。在衡平与自然法阶段,流行的自然法理论看起来依照其目的回答此问题。在法律的成熟期,法律被认为是某种自足的东西,只能被自身的理想形式所评判,法律还被视作某种不能被制定的东西,或者,即便能被制定,也是在有限范围内被制定。自然权利理念看起来顺带解释了法律为了什么而存在,它显示了,我们需要尽可能少的法律,因为法律是对自由的限制,即使此种最少之限制也需要被积极地证立(affirmative justification)。如此,除了仅仅体系化和形式上的改进,法律成熟期的立法理论是消极的。它主要告诉我们,哪些问题不能立法,不能以何种方式立法。由于缺少创新性造法的积极理论,过去那个世纪很少有意识地要求或维护一种法律目的的理论,但是在事实上,它有此种理论,而且还很丰富。

由于法律为何而存在的理念在相当程度上隐含在法律是什么的理念之中,以此为关照,简要地审视法律本质的理念,将有助于理解法律目的的理念。关于法律是什么,至少有十二种概念。

第二章 法律的目的

第一,法律被认为是神定的人类行动规则。此类法律理念的例子有,摩西律法,汉谟拉比法典(由太阳神制定完毕后传授给汉谟拉比)以及摩奴法典(摩奴的儿子布里古在被其灵魂附体后依其指示口授给圣者)。

第二,法律被认为是古老的传统习俗,它被神所接受,因此给人们指明了安全的行动路径。原始社会的人类被那些貌似报应性的、反复无常的自然力量围绕,他们时刻担心冒犯这些力量,为自己和伙伴招灾惹祸。为了确保普遍安全,人们能做的事情以及做事的方法,被限定在长久流传之习俗所显示的至少不会触怒神灵的范围内。法律是规约的传统或记述载体,习俗在其中得以表达和保存。无论何时当我们发现,一套原始法被某政治寡头集团奉为阶级传统,那它可能被以此种方式看待,这就好比,一套关于神职人员的监管权力的类似传统必定被认为来自于神启。

第三,与前一种法律理念紧密相关,法律被认为记载了古时智者的智慧,他们知晓安全的或被神赞许的人类行动路径。当某种传统的决策和行动习俗转化为原始法典之文字时,该种法律可能被以此种方式来看待,公元前4世纪的德摩斯梯尼正是使用此类方式来描述雅典的法律。

第四,法律被认为是一套在哲学层面发现的原则体系,它表达了事物之本质,由此,人类应在行动上与其保持一致。这正是古罗马法学家持有的法律理念,它固然嫁接在第二、第三种法律理念以及法律是罗马人民的命令的政治理论上,不过,通过把传统、被记录之智慧以及人民的命令构想为仅仅是人们在哲学层面揭示之原则的宣示与反映,并因此需要接受这些原则的评判、型塑、解释与补充,它能够与这些被嫁接物相协调。

在哲学家的手中,第四种法律理念经常表现为另一种形态,即第五,法律被看作是一套对永恒不变的道德法典的揭示与宣告。

第六,法律被认为是在政治组织化社会中,人们关于彼此关系的一套约定。这是将法等同于法律、将法等同于城邦国家的造法与裁定的民主版本,后一种等置在柏拉图的《米诺斯》一书中被讨论过。德摩斯梯尼向雅典陪审团建议此种等置方式,并不突兀。在这样一种理论中,此种政治理念非常可能得到一种哲学理念的支持,通过诉诸于内含于允诺的道德义务,能够解释人们为何应遵守他们在民众集会中达成的协议。

第七,法律被认为是反映了支配宇宙万物的神化理性。更准确地说,法律反映了此理性向作为道德存在的人类指示的"应当如何",有别于此理性向其他生物指示的"必须如何"。此乃托马斯·阿奎那的法律观,它的生命较为持久,一直持续到17世纪,并且在这段时间内有很大的影响力。

第八,法律被认为是在政治组织化社会中,主权者关于人们应该如何导控自身的一系列命令,此类命令的效力最终来源于被人们信奉的主权者的权威根基。古罗马共和时期和古典时期的法律学者正是如此理解实在法的,正是由于皇帝拥有罗马人民转移给他的主权,《法学阶梯》才会说,皇帝的意志具有法律效力。此种思维模式非常适合那些在16、17世纪致力于集权化的法国君主政体的法律人,正是通过他们,此思想模式促成了公法之诞生。该思想模式也适合英格兰1688年之后出现的议会至上之状况,并成为英国的正统法律理论。它还能够迎合人民主权的政治理论,依这种

第二章 法律的目的

理论，人民被认为继承了议会主权（美国独立战争时期）和法国国王的主权（法国大革命时期）。

第九，法律被认为是一种经由人类经验而发现的规约体系，依此，个体人类的意志可以实现最为完全的、能够与他人意愿的类似自由相协调的自由。此种理念被历史学派持有，有着不同的表现形式，在先前的几乎整个世纪，它使得法学家失去了对法律的主权者命令理论的忠诚。它认为，人们凭借经验发现原则，经验并非人类有意识的努力的结果，而是以某种不可避免的方式被决定。此过程要么被正当、正义理念或自由理念的展开所决定（自由理念在人类的正义实施中实现自身），要么被生物学法则、心理学法则或者种族特性之运作所决定，该过程的必然结果就是当下之法律体系与当下之人民。

第十，人们把法律理解为一套原则的体系，借由法学著述与司法裁判，它在哲学层面被发现并在细节上得到完善。依照此原则体系，人的外在生活成为理性的评判对象，或者换句话说，行动中的个体之意志与其伙伴的意志得以协调。此思维模式出现于19世纪，那个时候，自然法理论在流行了两个世纪之后被人们抛弃了，哲学被要求对法律的体系性安排与细节完善提供批判性指引。

第十一，法律被认为是统治阶级（有意或无意地）为了实现自身利益而施加在社会民众身上的规则体系。此种法律的经济学解释有着多种表现形式，按照它的理想主义形式，它在意的是某种经济理念的不可避免的展开；依照它的机械社会学形式，它注重的是借由经济而进行的阶级斗争或生存斗争，法律是此种力量运作之结果，法律被认为要么包含在此类斗争中，要么被此类斗争所决定;按照它的"实证-分析"形式,法律被认为是主权者命令,此命令的经济内容被社会的统治阶级意志所决定,统治阶级的意志又被自身利益所决定。所有这些形式都代表着法律开始从成熟、稳定期向新的生长期转变,当法律自足的理念被放弃,人们开始探查法学与其他社会科学的关联时,法学与经济学的关系立刻引起人们的关注。进而,在一个大规模立法的时代,经由制定产生的规则很容易被当成法律规约的典型形态,人们由此试图形构一种立法机关的造法理论,以此来说明所有法律。

第十二,也是最后一种法律理念,认为法律由经济或社会法则中与社会生活中的人类行动有关的诫命所构成,它通过观察而被发现,表达在通过人类经验而产生的规约中,此经验关乎正义实施中何者有效、何者无用。此种理论同样属于19世纪末,这时的人们开始为自身寻找经由观察而发现的物理的或生物的根基,来替代经由哲学反思而发现的形而上学根基。此理论的另一种形式则通过观察来发现某种终极的社会事实,然后采用类似于形而上学法学家的方法,将该事实的逻辑意涵予以引申。近些年来统合社会科学的趋势以及由此而来的对社会理论的关切,促成了此种理论形式。

需要注意的是,前述每一种法律理论首先都是在试图为特定时空的法律或者法律中的关键要素提供理性说明,为此有必要再多说几句。当法律通过法学家的活动而生长时,法律的哲学理论就会产生,它将法律理解为哲学层面断言的原则的宣示。无论何时何地,一旦法律的生长点转移到立法活动时,法律的政治学理论就会流行,它将法律理解为主权者命令。当法律正处于吸收先前

第二章 法律的目的

生长期的果实的阶段时,法律的历史理论或者法律的形而上学理论就很可能占据统治地位,前者把法律理解为被人的经验所发现的东西,后者把法律理解为正当理念或者在社会法律发展过程中实现的自由理念。法学家和哲学家在缔造上述法律理论时,采取的不是哲学原理的必然展开的方法,他们没有将这些理论搞成哲学原理简单的逻辑演绎。实际的情况是,针对有待解释与辨析的法律问题,他们尽力去理解它,理性地叙述它,在此过程中形成了一种"法律是什么"的理论。即使它的表达方式是普世性的,此理论必然反映了它被设计用来为其提供正当根据的制度。它是一种表述法律的尝试,或者说表述特定时空的法律制度的尝试。它的真正功效可能在于:使得我们能够理解该套法律或该种制度,能够看到那个时期的人试图运用它做什么或构造什么。依此,分析这些法律理论是一种了解人们曾经试图通过法律秩序实现何种目的的途径。

在前面这十二种法律是什么的理论图景中,我们能找到什么共同要素吗?首先,每一种理论都超出了个体人类意志的范围,向我们展示了某种终极根基之图景,此根基不受构成人类生活的诸多变动的影响。此种稳定的终极根基可能被解释为神化的快乐、意志或理性,直接或间接地通过神定的不变之道德法典而被揭示。它可能会采取某种终极形而上学基点之形式,我们可以永远依赖它。它可以被描绘成某种终极法则,必然决定着现象层面的人类行动。或者它可以被描述成某种特定时空的权威意志,他人的意志臣服于它,它从前面谈到的几种终极基点形式中最终地、绝对地获得其权威,由此它所做的事情总体来讲绝非偶然。此类固定、稳定的出发点通常都是这些法律理论中被首要强调的特征。其次，在所有这些法律本质理论中，我们都会发现这样一幅理论运行图景，即从固定且绝对之起点开始，依循决定性、机械绝对性模式进行理论推演。理论的细节内容则是经由如下途径从理论起点中得出：神启；一套权威性传统或记录；某种不可避免、不可放弃的哲学或逻辑方法；某种权威性政治机制；某种科学的观察系统；历史地证明了的理念，它们可以以逻辑推证的方法从预先给定的基本的形而上学基点中引申出来。第三，在这些理论中，我们能看到这样一幅图景，即立足于终极基础，经由绝对的进程，从中衍生出人类行动安排与人际关系调整体系。换句话说，这些理论不仅仅描绘了我们实际上进行的人类行动安排与人际关系调整，除此以外，它们还包含了更多的、我们想要具备的东西，即不考虑所有被安排、被调整的对象的个别情感与欲望，以一种固定、绝对、先定的方式，来做这些安排与调整。在法律目的的这些潜在图景中，我们可以看到，法律似乎被这样构想，即其存在就是为了满足最为重要的对普遍安全的社会需求。毫无疑问，19世纪的法学家持有此种观念，但原因是什么呢？是因为法律仅具有满足此类需求的功能？还是因为在所有人们试图通过法律满足的需求中，该需求是最为明显的，并且因为运用政治组织化社会之力量进行的人类行动安排，主要适合满足人们对既往社会秩序的需求？

关于法律的目的，在法律史上有三种理念曾经相继占据统治地位，目前第四种理念正崭露头角。第一种也是最简单的理念，法律的存在是为了在给定社会中维护和平，无论面对何种情况、付出何种代价，都要维护和平，这是原始法阶段的法律目的观念。它是

第二章 法律的目的

在最低限度上,将满足普遍安全之社会需求设定为法律的目的。在法律的运作中,其他个体或社会需求要么被忽略,要么被牺牲掉了。依此,法律为每一种具体的损害都设置了精确的价码,而非设置精确的赔偿原则;法律提供诱导或强制争议各方接受裁判的机制,而非施加制裁;法律会规整自助或自救行为,而非一般性地禁止这些行为;法律会采取机械的审判模式,无论如何都不允许争辩,而非采取理性的审判模式,允许论辩和争论(允许的话就会背离此种法律秩序的目的)。在基于亲缘关系组织起来的社会里,更多的社会需求来自于亲属组织,其中的人际冲突主要有两个来源:亲属利益之碰撞导致亲属之间的冲突;没有亲缘组织对其负责的无亲属者,对于这些人没有亲属组织支持其主张。亲属之间的和平,以及宗族与正在形成规模的外人之间的和平,是未被满足的社会需求,此需求是政治组织化社会必须面对的。组织化的亲属体制逐渐解体,亲属团体不再是社会的基本单位,政治组织代替了亲缘组织,成为社会控制的首要机构。法律上的基本主体变成了自由公民或自由的个体人类。与此转变相伴随,为了维系普遍安全,需要对自救行为进行规整,并阻止在那些没有强大的宗族组织予以控制或对其负责的人之间出现的私人争斗。满足这些社会需求的方法,是由那种被构想为仅仅为了维持和平的法律秩序所提供的。

希腊哲学家对普遍安全的理解要更为宽广,认为法律秩序的目的在于维持社会现状。他们认为应通过维护社会制度的安全来维持普遍安全。他们认为,法律这种机制使每一个人都待在其被社会指定的位置上,并制止社会成员之间的冲突。他们坚守的德性是自制,知晓并遵守自然为人类行动设定的界限。他们谴责的恶是狂悖,即任意破坏规矩,随意跳脱社会指定的行动边界。与亲缘组织被社会的城邦国家政治组织形式替代相伴随,此思维模式出现了。组织化的亲属集团仍然是有力的。一方面是有着亲缘意识与亲缘组织的贵族阶层,另一方面是丧失、切断了亲属关系的群众,或者外来的群众,双方不断地为社会和政治统治权而争斗。有着政治野心的个人与强势之贵族也在不断地威胁着此种不太稳固的政治组织,通过这种政治组织,普遍安全得到的是不那么牢靠的保护。其他社会制度无法满足的、首要的社会需求,就是普遍的社会制度安全。以维持社会现状的形式,满足此需求成为古希腊、古罗马以及中世纪的法律目的观念。

从法律作为维护和平的机制之理念,到法律作为维持社会现状的机制之理念的转换,可以在赫拉克利特的命题中看到:正如人们应当为了城邦安全而战斗,人们应当为了他们的法律而战斗。此种通过法律维持社会秩序之理念,在柏拉图那里得到了充分的发挥。实际的社会秩序绝非应然的社会秩序。人们需要被重新划分阶级,每一个人都要被安排到最适合他的阶级中去。当划分阶级与安置工作完成之后,法律被用来确保每一个人待在他的适切位置上。法律并非保证人们自由的机制,即通过与其他社会成员自由竞争以及运用天赋能力自由试验而发现自己的社会层次。法律是一种阻止此类扰乱社会秩序行为的机制,它要求每一个个体都要在其被社会指定的位置上安分守己。正如柏拉图所言,鞋匠不过是鞋匠,不能兼职舵手;农民就是农民,不能客串法官;士兵只能是士兵,不能同时当商人。全能天才凭借其聪明睿智能够从事所有职业、做所有事情,但如果他来到"理想国",他会被要求离开。

第二章 法律的目的

亚里士多德以另一种方式同样主张此种理念,他断定正义是使得每一个人能够留守在其被指定的领域内的条件,我们首先考虑不平等关系,依照每个人的价值来区别对待他们,之后才考虑在人们被依照其价值安置其中的阶级内部的平等关系。当圣·保罗劝诫妻子服从丈夫、奴隶服从主人,所有人在社会秩序指定的阶级中尽其所能地履行其负有的义务,他同样表达了此种法律目的的希腊观念。

罗马法律人将希腊哲学的此种观念转化为法律理论。在《法学阶梯》中,法律被简化为三个规约:每个人应该过有荣誉的生活,都应该通过服从社会秩序之惯习,维护自身的道德价值;每个人都应该尊重他人的人格,不得侵犯社会秩序承认的、他人的利益与行动权力(这些利益与权力构成了他们的法律人格);每个人都应当把属于他者的东西还给他们,尊重他者获得的权利。社会体制已经界定了属于每个人的物品份额,在《法学阶梯》中,正义被界定为:以确定、持续之方式实现给予每个人这些份额的目的。正义的内涵就是:将这些份额分配给人们,不得干预人们在被界定的范围内对其份额的拥有与使用。这是以法律的方式展现的、和谐地维持社会现状的希腊理念,后来的东罗马帝国则将其推向极端。它将每个人都严格地束缚在其行业或职业中,其后代也会步其后尘,以此来确保社会稳定,避免社会和谐与社会秩序被个人的进取心所扰乱。

在中世纪,与日耳曼法相伴,法律仅被用来维护和平这种原始理念回归了。但是在研究罗马法的过程中,人们很快就学会了此种希腊观念的罗马版本,有序地维持社会现状再一次被确立为法律秩序的目的。此观念回应了中世纪的社会需求,这时人们在"服务-保护"关系中找到了摆脱无政府与暴力的方法,依照此种关系为人们划分阶级,要求人们按照此种划分之阶级履行其功能。希腊人认为社会是静态的,通过诉诸它的本质或理想偶尔被矫正。中世纪则认为此种静态之社会立基于权威,被习俗或传统所决定。对于每一个人来讲,法律都是一种用来维护此种静态社会的规约体系。

在封建社会秩序中,立基于权威、包含在由传统确立的人际关系中的互惠义务,是重要的社会制度。随着此秩序逐渐解体,社会个体在探索、殖民、贸易中发挥越来越重要的作用,在新的全面开放的人类活动领域中,承认个体自由地掌控自己的主张,与维护原有社会制度(此社会制度负责落实互惠义务体制以及保护包含在此义务中的人际关系)相比,成为一种更具紧迫性的社会需求。人们想要的,与其说是他人向其履行某种人际关系包含的义务,不如说当他们在一个不断地为积极勇敢的人提供新机会的世界里,获得他们可以得到的东西时,他人不要插手干预。社会不再要求人们待在他们的指定位置上,社会冲突与内耗也不再被认为是由那些试图逃离指定社会位置的人所引起。相反,用那种迎合另一种不同的社会秩序需求的方法,把人们固定在其指定位置之企图,才是冲突与内耗的来源。人们会被此类专断之限制惹怒,他们的能力因此也没能被用在探索和利用自然资源上,而在下一个世纪,这正是人类能力的运用方向。依此,法律的目的被界定为,使最大程度的自由个体的自主成为可能。

16世纪西班牙的神学法学家们或许看到了此种向新思维模

第二章 法律的目的

式的转变过程。他们的法学理论认为,对于个体关系中的行动,存在着自然限制,人类行动的此种限制表达了人作为道德生物的理性理想,并被理性施加在人们身上。此理论与古代理念有着极大区别,尽管它曾经用过后者之名称。希腊人构想的限制人们活动的体制,目的在于使每个人都能安守在依其本性最适合的位置上,在此位置上,人们可以实现其能力的理想形式。希腊人意图通过此体制来维持社会现状,或者在社会重组之后维护其被计划的样态。16世纪的这些反宗教改革的法学家们认为,人的活动自然地受到限制,实在法可以(也应该)为了别人活动的利益限制他们,这是因为,所有人都有自由意志,都能够依照有意设定之目的引导自身行动。在亚里士多德考虑不平等的地方(此不平等源自于个体人类的不同价值,以及他们在完成社会要求的事务上的不同能力),这些法学家考虑的则是自然(理想)平等(此种平等来自于内在于所有人的相似的意志自由,以及相似的有意识地施展才能的能力)。因此,法律的存在不是为了通过对意志和个体能力运用的武断限制维持社会现状,它的存在是为了维护自然平等,此平等经常受到来自传统的对个体活动的限制的威胁和冲击。由于此种自然平等被积极地构想为做事时的理想平等,它很容易就转化为一种自由个体在探索世界时的自主观念。法律秩序的存在目的是,在一种充满了未发现的资源、未开发的土地、未驯服的自然力量的世界里,将此自主的可能性予以最大化。这后一种理念出现于17世纪,从那时起流行了两个世纪之久,在其中的最后一代人的法学思想中达到顶点。

维护自然平等的法律变为保障自然权利的法律,人的本性通过他作为道德的、理性的生物而拥有的特质得到表达,西班牙的神学法学家曾谈到的人类活动的限制,从人的内在道德品性中获得其正当根据,基于此品性,人们可以正当地拥有特定物品、从事特定事务。这些是他们的自然权利,法律的存在仅仅是为了保护这些权利、使其产生实际效果。不存在出于其他目的的考虑而进行的限制,除了在尊重他人的权利这一点上会受到强制以外,人们是自由的,对自然人或理想人来讲,这是理性的要求,无须强迫就能做到。在19世纪,此思想模式出现了一种形而上学转向。对法律的目的来讲,终极的事物是个体意识。社会面临的问题是,协调有意识个体的自由意志之间的冲突,个体在生活事务中独立地运用其意志是此冲突的产生根源。康德将此种法律理性化为适用于人类行动的原则体系或普遍规则体系,通过它,所有行动者的自由意志得以共存。黑格尔将此种法律理性化为这样一种原则体系,它是自由理念在人类经验中实现的条件和手段。边沁将法律理性化为这样一种规则体系,它由国家权威制定和实施,通过它,每一个个体获得了最大的幸福,即最大程度的自主。它的目的是,使与普遍自由的个体行动相一致的最大程度的自由个体行动得以可能。斯宾塞将法律理性化为这样一种规则体系,它规定了"生者被死者统治",经由它,人们寻求促进每一个人的自由,此自由仅受他人类似之自由的限制。在所有这些解读方式中,法律的目的都被理解为确保最大可能的普遍的个体自主,在不抵触他人自由地做其可为之事的前提下,让人们自由地做所有可为之事。这实际上是一种为探索者、殖民者、先驱、贸易商、企业主、行业首脑准备的法哲学,在这个世界变得拥挤之前,它确实很好地完成了消除冲突、促

第二章 法律的目的

成最大程度的探索和利用人类存在所需的自然资源的使命。

上述观念已经支配法律的目的理论二百多年,通过回顾它的生发历史,我们可以看到它有三个用途。它被用于清除施加在自由经济活动上的限制,此限制是中世纪关系性义务体制的产物,反映了人们在一种静态社会结构中各就各位的理念。这个反派观念在上个世纪英国的立法改革运动中扮演了重要角色,英国的功效主义者坚定地认为,在个体自由行动受到的限制里,所有超出保障他人类似自由所需范围的,都要被清除掉,他们认为这就是立法的目的所在。正如在17、18世纪那样,此观念再一次被用作一种建构性理念。在17、18世纪,商法保障了人们可以做其想做的事情,它注重的是意图而不是形式,它将普遍安全解读成交易安全,它力图使个体意志产生实效、结出法律果实。此种商法正是以自然法的法学理论为桥梁,从罗马法和商业习惯转化而来。此观念最终被用作维稳理念,在19世纪的后半段也是如此。19世纪后半叶,人们证明了法律是一种恶,即使它是一种必要的恶,但由于所有法律都包含了对意志的自由运用的限制,所以应该有尽可能少的法律。基于此种考虑,法学家和立法者也应该满足于在不违反法律的前提下,让事态自然发展,允许个体"自由地把握他们自己的幸福与不幸"。

当此种促进或允许最大程度的自由个体的自主的法律理念发展到上述最后阶段时,此观念的法学潜能已经被耗尽。世界上已经不再有可供探索的新大陆,自然资源已经被探索到和利用了,将剩下来的可用资源予以保存成为人类的需求指向。自然的力量已经被驯服供人类使用。工业发展已经达到很大规模,在我们的经济秩序中,劳动分工和组织已经非常发达,以至于参与其中的任何人,都无法自行其是,不能再受天马行空的想象和胆大包天的野心的怂恿,为达目的而不择手段。尽管律师们总是重复老调,法律却开始迈向另一个方向。财产所有人在未逾越行动界限、危及公共健康和安全的前提下,依其意愿任意处置财产的自由,开始受到了限制。不仅如此,当社会公众健康被人们的不作为所威胁时,法律开始要求人们依照它所规定的模式,积极地使用其财产。当工业环境导致抽象的契约自由开始妨碍而非促进完满的个体人之生活时,订约的权力开始受到限制。为了维护婚姻、家庭制度的安全,所有人自由处置其财产的权力也开始受到限制。为了保护社会的自然资源,占用无主物、使用公用物的自由逐渐被限缩。从事合法职业的自由也受到限制,人们在从事这些职业前需要经过系统的训练和实习,以免对公共健康、公共安全和公共道德造成损害。曾几何时,任何人都可以自由地成立公司来从事公共服务行业,或在此类服务行业中展开自由竞争,此体制现在被摆脱了破坏性竞争的公用事业所替代。在一个拥挤的世界里,其资源已经被利用,一种促进最大程度的个体自主的体制,其引起的冲突比它化解的冲突还要多,它增加而非减少了社会内耗。

上世纪末本世纪初,一种新的思想模式出现了,法学家开始从人类的需求和欲望而非人类的意志角度出发考虑问题。他们开始认识到,他们必须做的事情,并不是简单地使人的意志平等或和谐,而是(如果做不到同等满足)至少要做到和谐地满足人的需求。正如之前他们平衡或协调意志一样,他们开始衡量、平衡或协调人们的主张、需求、欲望。他们开始把法律的目的理解为自主的最大化,不过和之前不同,被最大化的是需求满足意义上的自主。因此,他们一度把伦理问题、法律问题、政治问题都主要理解为价值问题,理解为发现不同利益的相对价值的标准问题。在法学和政治学中,他们认识到,我们必须增列"通过政府行动、司法裁判或行政行为来实现利益的可能性"这个实践问题。但首要的问题是确认需求——明确那些需要被承认和保障的利益。在盘点完毕那些亟待承认和法律保障的需求、主张或利益之后,我们要评价它们,从中挑选出那些需要被承认的利益,在对这些被承认的利益进行通盘考虑之后,界定每一种利益可被实现的程度,基于实际法律行动的内在限制的考虑,估算我们通过法律能够在多大程度上实现这些利益。在过去三十年间,此思想模式可以在不同类型的法学家那里看到,只是在术语使用上有所不同。

有三个因素促成了法律的目的理论之基础从意志转向需求,从意志的和谐或协调转向需求的和谐或协调。心理学在其中扮演了最为重要的角色,它动摇了法律的形而上学的意志哲学之根基。经由社会科学的统合运动,经济学也发挥了重要作用,特别是通过对法律史的经济学解释,显示了法律被经济需求之压力所型塑的程度,这间接地支持了心理学的主张。当阶级出现后,工业组织带来的社会分化也是一个重要因素,在给定文明条件下特定阶级的最低限度生存之主张,要比对自主的主张更具紧迫性。人们的注意力从法律的本质转移到法律的目的,一种功能主义态度,一种依据法律规则、原理与制度促进或实现这些目的的程度来评判它们的趋势,开始替代依据法律自身的标准来评判法律的老办法。就此而论,与19世纪的思想相比,当代的思想与17、18世纪的思想更为相像。法国作家已经将此现象表述成"法律理想主义的复兴"。不过实际上,今天的社会功效主义与17、18世纪的自然法哲学仅有一点相同:二者都将注意力放在法律生长现象上,都试图有意识地引导和促成法律之进步。

与19世纪的所有法哲学理论一样,社会功效主义的早期形式不是太绝对。它持有的目的理论想要向我们展示的是,在制定法律时,何者实际上以及必然会发生,而非我们想要何者发生。它对法哲学的贡献在于,敦促我们放弃模糊的"正当"术语,去区分以下二者:一个是被法律承认和限定的主张、需求或要求,它们独立于法律而存在;另一个是大体上以法律权利之名运作的法律制度,被法律承认和限定的主张依靠它得到保障。它还第一次使我们明白,在很大程度上造法者肩负的是一种妥协任务,而对于自然法学派来讲,造法不过是绝对之原则的绝对展开过程。通过将隐含在每一个自然权利中的内容予以严格地逻辑展开,我们会得到一套适用于所有时空的法律。在19世纪,妥协理念确实潜藏在形而上学法学家的理论中。但他们试图实现的是一种绝对的和谐,而不是适用于当下的、可操作的和谐。个体意志冲突将要按照一个有着终极、普遍之权威的准则绝对地得到调和。而当我们把法律理解成以保障社会利益为目的的时候(这里所说的社会利益,限定在那些可以被有组织的政治社会机制实现的人和人际关系的有序化所保证的社会利益),很明显的是,我们可以基于尽可能产生实际效果这种心态,为冲突中的人类欲望找到一种当下可实践的妥协体制,而无须相信我们拥有一套适用于所有时空的、完美的问题解决方案。如新康德主义者所主张的,我们可以勾勒出当下的社会理想,通过它来尝试解决法律问题,无须认为我们有能力设计一套适用于所有时代的社会、政治和法律蓝图。亦如新黑格尔主义者所言,我们可以发现和设计用于当下的法律原理,不必假装此原理是终极法律的完整、最终的图景,可用于评判所有时代。

社会功效主义需要同时来自于心理学和社会学的矫正,必须要承认的是,造法和裁判并不仅仅由利益衡量所决定。在实践中,需求、要求、欲望之压力会以这种或那种方式扭曲法律制度实际的妥协过程。为了维护普遍安全,我们千方百计地使此扭曲最小化。即使法律披着机械机制的外衣,使得其程序看起来是绝对的,其结果看起来是被预先确定的,但不论何时何地,人们仅需透过法律的表象就能看到此种扭曲。我们不能奢望,我们想象中的任何达成和实施妥协的程序的本质和目的,将总是无误地被法律秩序达成和实施的妥协所落实。然而,如果我们在决定做什么、实现何种目的之前先对其有一个清晰的构想,以及如果依据我们有意识建构和型塑的法律做此种想象,将会有较少的此种潜意识的扭曲。

对此种新型思想模式来讲,困难主要关乎价值的标准。如果我们说,将利益区分和列表,依此评价它们,那些被发现有必要价值的利益将会被法律承认,并在该价值要求的范围内被落实(当然,需要承认,在利益的有成效的法律保障方面存在着一些内在的困难);问题立刻出现了,我们如何完成此种评价工作?哲学家已经耗费了大量的才智,试图发现某种确定不同利益的内在重要性的方法,以此来获得一个绝对的准则,依照它我们可以断定,内在地更重要的利益应胜出。不过我对做此种绝对判断的可能性抱有怀疑,在此处,我们面对的是一个基本的社会和政治哲学问题。我认为,法学家所能做的,不过是承认此问题,认识到他面临的问题是,尽可能保障所有社会利益,维持它们之间的平衡或和谐,此平衡或和谐需要能够与保障所有社会利益相容。上个世纪偏好普遍安全,有很多征兆显示,现今人们偏好个体的道德与社会生活。我怀疑,此种偏好是否有能力保持长久。

社会功效主义者会说,依照法律的目的衡量不同的利益。不过基于此,我们得到什么绝对的东西了吗?法律的目的在范围上要小于满足人类欲望所需的东西吗?我们使用的工具为我们设定了界限,如果我们试图在特定场合使用这些工具,我们失去的比得到的还要多,法律目的上的界限与这种界限不同吗?如果一样的话,总有改进工具的可能性。希腊哲学说,法律诉讼的唯一可能的事项是"侮辱、损害与杀人",他们与赫伯特·斯宾塞一样教条,后者将我们大城市中的卫生法与住宅法排除在法律秩序的领域之外。正如更好的机器扩展了工业的适用领域,更好的法律机制拓展了法律的适用领域。我的意思不是,对于所有的人际关系,以及任何人们碰巧想到的某种社会需求可以在其中被满足的场合,法律都应该理所当然地插手其中。有大量经验显示,法律机制在满足某些类型的利益上是无用的。我想说的是,如果在任何一种人类行动领域,或者在任何人际关系中,法律用其特有的机制可以满足一种社会需求,同时又不会不合比例地牺牲他种需求,在这么做的时候,就没有内在于事物本性的恒久限制,也没有阻止其开始的束缚。

让我们看看现在流行的一些别的理论。新黑格尔主义者说:人类主张(claim)的检验标准是文明,是人类能力所能发展到的最

第二章 法律的目的

高程度——最完全地掌控"自然",即完全掌控人类本性与外在自然。新康德主义说:主张之检验标准,是作为社会理想的、有着自由意志的人类的共同体。狄骥说:应依据社会连带与社会功能检验人的主张(通过利益的相似与劳动分工,它们促进了或推动了社会连带了吗?)。在上述这些准则中,我们真地摆脱了平衡问题了吗?即与维护所有利益相容、与回应文明社会存续所需的所有需求与主张相容的平衡。

出于理解今日之法律的目的,我赞同这样一种理论:以最小的代价换取最大可能的人类需求整体之满足。我同意将法律理解为这样一种社会制度,即以尽可能小的代价满足社会需求(社会需求就是那些文明社会存续所需的主张与要求)。当然,这限定在那些能够(经由政治组织化社会实现的人类行动的有序化)被满足的需求,或被落实的主张。鉴于当下的论述目的,我认为法律史向我们展现了这样一幅景象:通过社会控制,人类的需求、主张与欲望不断被更大程度地承认和满足;社会利益被以一种更加包容、更有实效的方式所保障;在人类享受其存在之善的过程中,社会内耗的消除、社会冲突的化解,越来越彻底、越来越有成效。简而言之,一项越来越有成效的社会工程(social engineering)。

第三章　法律的应用

依照法律解决争议的司法裁判,包含三个步骤:(1)发现法律,确定法律体系中哪些规则应被适用,或者,如果没有可适用的规则,基于给定案由,依照法律允许的方式,创制一个可用的规则(对于以后的类似案件,它可能被适用,也可能不被适用)。(2)解释如上被选定或创制的规则,即依照它的创制指向、结合它的适用范围确定其含义。(3)将如上被发现、解释的规则适用于当下案件。过去,这几个步骤混在一起,都被冠以法律解释之名。人们认为,法官的功能不过是通过精确地推导规则的逻辑意涵,将一套完全外于司法的、权威给定的规则予以解释,以及将如此被给定和解释的规则机械地适用。此种观点源于法律发展的严格法阶段,它意图避免法律对细节的过分追求以及因内容极简而含义不清,这二者正是原始法的特点。原始法的大部分内容是简单、简洁、注重细节的规则,用来严格地界定特定情景,其中没有一般性的原则。迈向法律科学的第一步就是,区分何种含义是法律所包含的,何者不是。但是原始法中也经常有一些简洁的法律格言,其表达方式让人印象深刻,很容易记住,内容却很含糊。通过区分不同案件、适用诸如"公正裁决"之类的法律格言,为过分琐碎的具体规则填入大量内容,此种做法内含着不确定性;严格法倡导的是,基于固定

第三章 法律的应用

的规则和按部就班的救济程序得出必然的结论,试图以此摆脱此种不确定性。它认为,应用法律不外乎将案件塞入规则或救济措施的"束缚衣"中。以此种方式来适用法律,必然会涉及法律的调适、扩张与限缩,为了维护普遍安全,这些却被拟制为"解释",掩盖了它们的真面目。

在衡平与自然法阶段,法外正义(justice without law)观念部分回归,与其相伴,避免法律的过分个别化实施之企图,在哲学上被理性化了。此理性化强化了这样一种认识,即法律的司法适用是一个机械的过程,仅属于法律的解释环节。18世纪,在权力分立论中,此种观念获得其科学形式:立法机关制定法律,行政机关执行它们,裁判机关运用它们解决争议。在"盎格鲁—撒克逊"法律思想中,被广为承认的是,法庭必须为了适用而解释。解释无论如何都不能被混同于法律的制定,法律的适用不包含任何执行要素,它完全是机械式的。在欧陆,那种能够对未来案件产生约束力的解释,被认为仅属于立法者。在此种法律的成熟期,人们不愿意承认法官或法学家能够创造任何东西。上世纪分析法学的贡献之一就是告诉我们,基于上述思维方式,以解释之名所做的大量工作实际上属于立法过程,即在没有规则或没有合适的规则可用时,供给新法。格雷笃定地说,"事实上,所谓'解释'遇到的困难来自于:立法者对某些问题完全没有想法;成文法中存在的问题从没被立法者想到;法官要做的,不是去断定立法者对于当下遇到的问题到底是何意思,而是去猜测,对于某些立法者没想到的问题,假如之前出现了的话,他会做何种打算。"被宪法禁令支持的维系权力分立之企图,从另一个角度演示了同样的道理。造法、行政与裁判不能被严格地彼此分割,即把它们分别指派给不同的机构作为其排他性领地。毋宁说,对于典型事项存在着劳动分工,其他事项的分派,则由实践和历史所决定。

发现法律或许不过意味着熟练掌握一部法典或成文法的文本规定。就此而论,法庭必须确定规则的含义并适用它。但是情况不总是这么简单:可供适用的文本不止一个;可适用的规则不止一个,当事人各方就将何者作为裁决依据产生争议。此时,为了做出理智的选择,必须解释这些规则。对既存规则的解释经常表明,任何一个规则都不足以涵盖本案,从实践上看(如果不是在理论上),必须提供新规则。正如纽约州那过分庞杂的民事程序法典所显示的,通过细化立法来排除此情形之企图,明显失败了。提供规则来裁决案件,是我们的高级法院对向它提交的大部分案件的处理过程中的关键要素,当事人不愿遵守初审法院判决,经常是因为他们要求规则必须被提供。

真正需要解释的案件比较少,而且也很简单。真正的解释与披着解释外衣的造法会产生关联,换句话说,司法功能与立法功能发生关联。制定法律是立法机关的功能,但是基于个案的本性,它不可能完全地、算无遗策地立法,从而使得司法机关不必行使某种程度的造法功能。司法机关会正确地认为这是一个从属功能,它会把它视为一个补充功能,运用给定的技术,完善和型塑给定的素材。尽管如此,它还是司法权的必要组成部分。我们的政治理论却很极端地把所有的司法造法都视为违宪篡权,它是17世纪英国宪法经由不完全抽象的哲学变种,它的作用仅仅是使人们在职业观念中固守历史学派的口号,即立法性造法是一种从属功能,仅仅

第三章 法律的应用

偶尔被用来补充法律体系的传统要素之不足，当在某些具体问题上，司法或法学传统偏离正轨时，间或使得它们回到正确的道路上。

在盎格鲁美国法律中，我们认为以类推的方式发展完善法律体系中的传统素材并不属于解释的范畴。在罗马法国家，法律由法典构成，法典化的查士丁尼罗马法以及它的现代用法被当成普通法，被用来补充和解释法典。看起来足够清楚的是，不论是法典的一部分还是此种罗马法的一个文本，它们的类推适用在实质上属于相同的过程，都被称为解释。我们的普通法没有采用权威文本的形式，某判例被类推适用、被限定适用范围或者被区别之过程的本质被遮盖了。表面上看起来，该过程有别于《法学汇编》中的文本被类推适用、限制或区别。因此，我们很容易就认定，法庭所做的不过就是真地在解释法律文本，把权威确立的传统原则的逻辑意涵予以演绎。人们很容易接受一种打着权力分立旗号的政治理论，并要求法庭仅可以解释和应用法律，法律的所有创制活动必须来自于立法机关，法庭必须"把法律理解为是被它们发现的"，仿佛它们总是能够为每一个案件找到整装待发之法律规定。人们也很容易接受一种不得创造法律的司法理论，即法律仅可以被发现，发现法律的过程是一个纯粹观察与逻辑运用之事务，并不包含创造性因素。鉴于在我们的判例法中，对同一个问题经常存在着不同的司法断定之原理，以及我们那些最出色的法官对同一个问题有着截然不同的观点，如果我们真地信奉此种虔诚的拟制，我们就不太会相信法庭有做出理性判断的能力。在立法者缺少实际意图的情形中，解释面临着困难，同样，当对于一个新情况，不存在可供发现的法律规则时，发现普通法也是困难的。在通过将已决案件类推适用的普通法的司法性认定过程中,司法功能和立法功能合二为一。

因为解释与造法相关,所以司法功能与立法功能相连。此外,解释还与应用相连,因此,司法功能与行政或执法功能也相关。争议的典型司法处置方式,是依照一条规则来评判它,其目的是为了普遍地解决一类案件,当下案件是其中之一,是其个例。以行政的方式应对某情景的典型做法,是把它视为独一无二的东西予以处置,它被当作是个别的,处置结果针对的是其个性,而不是它所负载的一般特征。但是行政不可能在忽略情景的普遍性方面的同时,不危及普遍安全。司法裁决如果完全忽略情景的个体特征,排除法律的所有个别化适用,就会使正义变得太僵硬和机械,牺牲在个体生活上存在的社会利益。"在案件的司法裁判中没有行政因素,法律的司法适用是一个机械的过程",此种理念可一直追溯到亚里士多德的《政治学》。它写于严格法阶段出现之前,那时可以说是原始法的发展顶峰。那个时候,个体特征以及国王、治安官、审判官多变的情感,在法律正义的实际运作中扮演着极为重要的角色,亚里士多德试图通过区分行政与司法摆脱此局面。他认为,裁量是行政的特性。行政注重时间、人物与特定场所。执法是运用一种明智的裁量调适统治机器,使其适合于实际出现的情景。另一方面,他认为法庭不该有裁量权。对他来讲,司法官员扮演的就是普洛克路斯忒斯式角色,他们要使每一个案件都能被放入法律之床,如果有必要,会对其动用外科手术。此种观念满足了严格法阶段的需求。在法律成熟期,此观念很适合法律的拜占庭理论,该理论将法律视为皇帝的意志,法官作为皇帝的代理人,负责应用

第三章 法律的应用

法律,落实皇帝的意志。在中世纪,此观念有充分的权威基础,迎合了严格法阶段的需求。后来它很适合造法的拜占庭理论,17、18世纪的法国政治家们采纳了它,并使其广为流行。在美国,此观念看起来正是我们宪法中权力分立之条款所要求的。但在实践上,正如类似的区分司法与造法功能的理念一样,它基本上完全失败了。

几乎所有的法学问题都可以归结为规则与裁量这个基本问题,即通过法律实施正义,与通过经验丰富的法官的或多或少训练过的直觉实施正义的问题。以下争议均因为与此问题相关而获得其重要性:关于法律本质的争议,即代表法律之典范的是法律体系中的传统要素还是命令要素;关于造法的性质的争议,即法律是通过司法经验发现的,还是通过立法有意创制的;关于法律权威基础的争议,即法律的权威基于理性与科学,还是基于命令与主权意志。法律与道德的关系、法律与衡平之区分、法庭与陪审团的职能划分、在程序运作中依赖固定的规则还是宽泛的司法权力、通过司法判决还是行政个别化实施来实现报应正义,这些都不过是这个基本问题的不同表现形式。此处不适合进一步讨论这些问题,简言之,二者都是正义实施中的必备要素,我们不应试图消除二者,而是要为二者划分领地。但是已经被承认的是,二者之一应该占据统治地位。为此,在宽泛的裁量与严格详尽的规则之间,独立于法律的正义与依照法律的正义之间,法律史一直来来回回、摇摆不定。在法律的生长期,法官的权力是一种解放性力量。在衡平与自然法阶段,将外在的道德理念融入法律的主要工具,就是法官将其纯粹的道德理念赋予法律效力的权力。今天,我们主要依赖行政委员会将法律忽略的理念赋予法律效力。法律稳定期主要依赖在适用上没有裁量余地的规则。严格法追求的是,除了看看法律文字是否被遵从以外,不给法官留下任何权力空间。在19世纪,人们对司法裁量深恶痛绝,试图在司法领域中排除行政要素。然而,总会有某种法外正义领域,本被打算排除的行政要素之考量,通过这种或那种途径,被保留下来。

在严格法阶段,法律的个别化实施被不容变通的机械程序所排除。此程序在实践中被纠正了,在规则与裁量之间、法律与行政之间的平衡,通过拟制与执行时的修正权得以恢复。罗马人的衡平起源于罗马帝国的执政官——他被皇帝授予了在特殊情况下修正严格法的权力。英国的衡平也是起源于王室授予的裁量性应用法律的权力,以及在特殊案件中修正法律的权力,在政治制度层面滥用此权力,是斯图亚特王朝衰落的原因之一。由此,我们看到了第三种恢复平衡的力量,它的表现形式就是基于衡平的考量,将执政官或大法官安插到制度体系中,由此搭建了一种衡平体制。在衡平与自然法阶段,行政要素被过分强调,激发了它的反动力量,在法律成熟阶段,法律的个别化又一次面临绝境。然而,消除法律实施中的行政要素,更多地出现在理论与表象上,而不是现实中。因为,正义在很大程度上是通过法律标准的应用而得到实施的,法律标准为具体案件事实留下了较大的应用空白,适用这些标准被托付给外行人或法庭的裁量,进而某种个别化司法还继续存在。此种司法部分采取了衡平救济措施的裁量应用的留白的形式,这是从衡平与自然法阶段传递下来的。部分采取了参照这样一种法律结果断定事实的形式,此结果从法律规则的观点来看是可欲的,

第三章 法律的应用

或者从在那些实际上适用同一种情形的竞争规则中进行选择的观点来看是可欲的,尽管它们名义上适用不同情形。换句话说,法律成熟期采用了更加精致的拟制方式,而严格法阶段,采用的则是相对粗糙的程序性拟制。

在法律理论排斥行政因素的时期,在所有将行政要素保留在司法中的这五种力量中,有两个需要特别注意。

法律通常被描述成规则的集合,但是除非规则一词在使用上宽泛到误导人的程度,这样一种通过参照法典或者被那些眼里只有财产法的法学家所形构的法律定义,未能充分地反映现代法律体系中的多种要素。规则为明确、详尽之事态规定了明确、详尽之条款,它是法律"开张"的主要凭障。在法律成熟期,它们主要被用于为了维持经济秩序而有着强烈的确定性需求之场所。在严格法向衡平与自然法的转变过程中,伴随着法律作品与法学理论的出现,另一种要素出现了,成为正义实施的一个控制因素。法律的凭障不再是,对于精确界定的事态精确地决定何者会发生的详尽规定之规则,而是司法与法学推理的一般前提。这些法律原则,如我们称呼它们那样,被用来供给新规则,解释老规则,满足新情况,评判规则与标准的范围与应用情况,当它们冲突或竞合时予以协调。后来,当法学研究试图把法律的素材予以有序化,第三种要素形成了,它可以被称为法律概念。它们是或多或少被精确界定的类型,我们将案件归属于它们,或者用它们来区分案件,以便当一种事态被区分为某种类型时,我们可以将与此类型相关的法律后果归属于该案。所有这些都要求被机械地或严格符合逻辑地应用。第四种要素在正义的日常实施中扮演着重要角色,它有着另一种十分不同的特征。

117 　　行为的法律标准首先出现在罗马的衡平法中。在交易案件或涉及诚信关系案件中,行为法则就是,被告将被判决担负出于诚信它应当向原告提供、给付的东西或应当替其照料的事务。由此,法官在确定诚信要求什么的时候,有裁量之余地,在西塞罗那个时期,当时最伟大的法律人认为这些涉及诚信的案件吁求一种强势的法官,因为这些案件许给他们危险的权力。基于此程序性方法,罗马法律人想出了特定行为的标准或尺度,诸如一个正直、勤勉的家长该做什么,或者一个审慎、勤勉的农夫该用何种方式使用他的土地。以相似的模式,英国的衡平法规定了受托人的合理行为标准。后来盎格鲁美国的侵权法规定,对所有那些从事积极行为的人来讲,一个理性、审慎的人在此环境下该做什么,就是衡量他们

118 的行为标准。公用事业法也规定了合理服务、合理设施、服务的合理变数等标准。在所有这些情形中,规则的内容都是,行动者的行为应符合这些标准的要求。然而,重要的不是确定的规则,而是此类标准包含的裁量余地以及它对个案情形的考量。法律标准有三个特征:(1)它们都涉及对行为的一定的道德判断。例如,"公平""良知""合理""审慎"或"勤勉"。(2)它们要求的不是准确运用严谨的法律知识,而是对通常事务之常识,或对所有人经验之外事物的训练过的直觉。(3)它们并非通过立法或司法的途径,被绝对地规定或有着精确的内容。它们依赖于时间、地点和环境,具有相对性,需要参照手头的案件事实被适用。它们承认,在设定的界限

119 内,每一个案件都在一定程度上是独一无二的。作为对衡平与自然法阶段的反动,特别是在19世纪,这些标准不再被人信赖。卡

第三章　法律的应用

姆登勋爵说,法官的裁量是"暴君的法律",它因人而异,"随意"且依心情而定,此种说法代表了法律成熟期的整体精神面貌。美国的州法院试图把大法官习惯上据以行使裁量权的原则转换成不容变通的规则。它们试图把合理注意标准还原为一套不容变通的规则。如果某人穿越铁路,他必须"一停二看三听"。上下一辆行驶中的汽车、将身体的一部分从车厢中伸出……即为过失自身。它们也想要以有着详细、权威确定之内容的明确规则的形式,规定公用事业义务。所有这些清除法律标准的应用留白的企图都失败了。由此而来的主要结果是这样一种反应,许多州把所有过失问题都交给陪审团判断,甚至不受法官的有效建议的影响,许多别的法庭管辖事项正在逐个地移交给行政委员会在法律之外处置。在任何情形中,不论是陪审团使用的行为过失的妥当注意标准,还是公共服务委员会使用的交通的合理设施标准,其运作过程都是通过参照常人的公平理念或(水平不一的)专家委员持有的何为合理之理念,结合行为发生时的特殊环境,判断行为的性质。被依靠的不是技术规则和严谨的机械适用,而是常识、经验与直觉。

我们很熟悉衡平救济运作中的个别化司法。它的另一种形式,即通过伪装成选择或认定规则的适用维度的个别化,却被这样一种拟制所遮蔽了,即法律体系有着逻辑完整性,合理推论过程具有机械的、逻辑不可谬性,经由此过程,隐含在法律素材中的先定之规则被演绎与适用。在很大程度上(这个程度明显在加大),我们的法律应用曾经是,陪审员或法庭把法律规则当作普遍指引,来决定案件事由之公道对待要求什么,(陪审团)依此尽力发现一个裁定或(法官)做出判决,坚守法律绝不逾矩。今天许多法庭先断定某争议的公道对待要求什么,然后把已决案件凑到一起来证成它们意欲的结果,这是很值得怀疑的。准则经常是很有弹性的,它们可以被适用,也可以不被适用。有着对立内容的规则经常会竞合,由此留下一个便于操纵的"无主之地",在其中,案件的处理方式,依赖于法庭选择何种规则,而规则之选择却是为了达成一个基于规则以外的他种考量而定的结果。我们偶尔也会看到这样的法官,他坦然承认,他主要考虑当事人之间的伦理情境,除非万不得已不允许法律插手其中。

这样,在整个正义的司法实施领域,我们事实上有一种粗糙的法律的衡平适用,一种粗略的个别化。这一点被法庭所接受的范围,比我们猜测的要广,或者至少,比我们愿意承认的更广。表面上看,不存在这种权力。但是当我们透过法律文献的表面,就能看到此过程的运作,它的运作方式包括:以"隐含意义"之名义;伪装成它可以随意选择的对同一个要点的同一个审判的两条决策路线;采取被称为法律的"柔性场所"之形式——在此场所中,决策路线是如此通过已决案件画出的,以至于法庭可以依照手头案件的特殊情境的伦理迫切性或许会要求的任何一种方式做决定,而没有明显逾越不容变通之规则圈定的界限。这些就是在裁判中排除行政要素之企图带来的结果。它除了能在涉及衡平救济场所中找到其存在的历史根源以外,在理论上并没有它的存在依据。在实践中,它广为存在,以一种让人不悦的形式危及着法律的确定性与一致性。尽管它的存在是必然的,我们用来实现法律的必要的个别化的方法却有损对法律的尊重。如果法庭都不尊重法律,还有谁会呢?当下美国人对法律的态度的成因不止一个。为了在实践

第三章　法律的应用

中确保一种不被理论承认的司法活动的自由,司法人员规避与曲解法律,却无疑是原因之一。由此,我们需要这样一种理论,它承认行政要素是司法功能的正当组成部分,强调法律规定适用上的个别化与这些规定的内容自身同样重要。

在今天的法律科学中,有三种法律应用理论。最受实务人士追捧、在法律的教义性阐释中最广使用的理论,是分析性的。它假定了一套没有漏洞和悖论的完整的法律,该法律被国家一次性赋予权威性,人们这样来看待它,就好像它的所有条款都是同时产生的。如果法律采取法典形式,它的拥护者适用真正的解释之方法准则,从逻辑而非历史的角度,探寻法典条款自身的意思是什么。他们试图为每一个具体案件都找到其在法典中被预先指定的位席,经由纯粹的逻辑推导过程将手头的案件置入其中,并在判决中阐述此结果。如果法律采取的是一套书面判决的形式,他们会假定那些判决可以被这样来看待,就好像它们是同一时间得出的,其中隐含着对于裁判它们并未明示的未来之案件所必要的所有信息。他们可以界定概念或者宣示原则,逻辑先定之判决蕴含在案件事实所指涉的概念之中,或包含在适用于案件事实的原则之内。一个纯粹的逻辑运作过程,极其类似于对立法产生的规则的真正解释,会从给定的前提中获得适宜的概念,或从那些表面上具有可适用性的原则中发现真正适合的一个。应用法律仅仅是在表达对这样一种结果的判断,该结果经由分析案情以及将书面判决先例蕴含的前提予以逻辑展开而得到。

在教师群体中,法律应用的历史理论有更多的拥护者。如果法律采取法典形式,法典条款会被假定为主要是在宣示早已存在的法律,法典是对先前存在的法律的延续与发展。所有对法典以及其中的任一条款的阐释,必须从精细地探查先前存在的法律以及诸竞争性法学理论的历史与发展过程开始(法典的奠基人必会在这些理论之中进行选择)。如果法律采取书面判决的形式,后来的判决会被看作是不过宣示、阐述了通过历史地研究老判决而发现的原则,会被理解为在发展完善法律概念以及通过历史地研究老法而发现的原则。因此,所有阐释必须开始于精细的历史探查,在此过程中,曾经在司法判决中展现自我的理念被揭示了,法律发展必须遵循的路线被发现了。但是合用的法律规定的内容在以上述方式被发现以后,应用它的方法与分析理论得出的方法并无不同。应用法律的过程被认为是一种纯粹逻辑运作过程。此案件事实是否属于该法律规定的规整对象?这是法官唯一需要面对的问题。在经由历史调查已经发现了规则是什么之后,不论其公正与否,他必须做的仅仅是将其予以适用。

法律应用的分析与历史理论试图完全排除行政要素,它们的拥护者要么诉诸于拟制来遮盖已然存在于实践中的法律的个别化应用,要么忽略它,声称它不过是审判构造不完美的产物,或是因为法官的疏忽与懈怠所致。后一种解释与拟制一样,都无法让人满意,一种新的理论已经在晚近的欧陆迅速成长起来,如果将它称为衡平理论,它可以得到最好的理解(鉴于英国大法官采用的方法与此名称的密切关联)。对于此理论的支持者来讲,最为重要的事情就是合理、公正地解决个别争议。不论法律规定来自于传统还是立法,他们都将其理解为法官的行为指引,引导他迈向公正的结果。但他们坚持认为,在很大范围内,法官应该自由地处置个案,以满足当事人之间的正义要求、符合常人的理性与道德感。他们主张,法律的应用不是一个纯粹机械的过程,它不仅包含逻辑,还有关于特殊情境以及从那些各有殊异的特殊环境着眼的行动的道德判断。他们认为这类判断涉及到基于经验的直觉,没有以明确规则的形式被表达出来。他们主张,不该让案件事由去迎合规则,而该让规则来适合案件事由。

法律应用的衡平理论的支持者的大量作品都有夸大其词之嫌。正如经常发生的那样,理论如果在某一个方向上走得太远,作为对它的应激反应,接下来理论就会在另一个方向上走过头。上个世纪想要完全消除法律应用上的个别化,现在,正如16、17世纪对严格法的反应一样,那些只知道个别化的人来了,他们将司法的整个领域转变为行政方法的天下。如果正义的司法实施一定要么完全是机械的,要么完全是行政性的,如果我们必须二选一,那么法律成熟期的法律人的一种妥当本能使他们偏好前者。只有一个圣人,诸如万塞讷的橡树下的路易斯九世,可以被信任、被授予宽泛的裁判权力,他受到的限制不过是,把法律作为一般性指引、在每一个案件中达成公正结果的愿望。更别说,圣·路易斯并没有现代法官所面对的拥挤不堪的日程表。但是我们一定要做此种选择吗?所有试图仅仅依照单一方法实施正义的努力都归于无效,我们从中不可以学到点什么吗?通过检视那种我们事实上成就了一种在理论上被我们反对的法律个别化的方法,以及通过考虑那些案件,在其中那些方法最为持久地发挥作用,正义的实际实施最为顽固地拒绝我们理论上期待其具有的机械性,我们不就可以为以上两种极端倾向发现各自的适宜领域吗?

在今天的盎格鲁美国法律中,法律应用的个别化力量不下七种。我们以如下方式在实践中成就法律的个别化:(1)通过在运用衡平救济时的法庭裁量;(2)通过在出现损害结果时普遍地适用于行为的法律标准,以及适用于特定人际关系和职业的法律标准;(3)通过陪审团做出一般性裁定的权力;(4)通过包含在法律发现中的法律的司法应用维度;(5)通过调节对个体罪犯的刑事处分的机制;(6)通过小额法庭使用的法律的非正式司法实施方法;(7)通过行政法庭。其中的第二种和第四种方式之前我们已经考察过了,现在让我们看看其他五种。

衡平救济实施中的裁量权是纯粹个人干预特殊案件的产物,此干预通过诉诸于大法官的良知而获得其根据,衡平管辖权就起源于此种良知。代表着衡平干预的原初面貌的某种东西,保留在禁止私人免责原则中,保留在某些准则的伦理属性中,这些准则宣示了大法官在行使权力时需要落实的政策。但是,19世纪能够把大法官的裁量权之遗产与当时的思想模式相协调。当原告享有法律上的权利,但是法律救济不足以确保他得到法律权利授权他去主张的东西时,衡平法会为其提供一种伴生性的救济,以此来补充严格法。由于衡平法救济是补充性的和伴生性的,大法官在行使裁量权时,如果觉得不能实现一种公道的结果,便会收手,法律依旧会起作用。原告的权利绝不任由他人裁量权摆布。他仅仅失去了一种非常规的、补充性的救济,仍有常规法律途径可走。以上是法律与衡平关系的传统观点。衡平一点都没有改变法律,它是一种与法律并行的救济体制,把法律视为理所当然,在特定场景中给予法律权利以更大的效能。不过,以"苛刻协议"(hard bargain)为例,此类案件中大法官在行使裁量权时或许不会允许"强制履行"(specific performance)。在英国,以及在我们的若干州,对于土地出让契约,法律承认的损害并不包括此协议的价格。因此,除非有强制履行之授权,原告的法律权利会归于无效。比较受诟病的是,对于不同的大法官来讲,协议有不同的面貌。目前来看,在某些大法官那里,此种关于苛刻协议之原理有僵化的趋势。它被转变为一种不容变通的规则,其内容是,特定协议是苛刻的,基于衡平不会执行它们。在此类协议的价格可以根据法律被恢复的州里,如果该协议不会被取消的话,有时候它也会在衡平法上被执行。但是大法官完全可能把某疑难案件放手不管,声称实施法律的法庭更为冷酷,让那个法庭去处理,尽管"那个法庭"不过是处理另一类案件的同一个法官而已。在另一些大法官那里,此原理超出了伦理的范畴,被用来修补交易的安全性。换句话说,适用衡平救济时的裁量余地,从一方面看,经由将支配其运用的原则凝结为硬性规则,趋向于消失,另一方面,它变得过于个性化、不确定以及反复无常。然而,如果人们仔细阅读本书,就不会怀疑,在行动上,它是正义的一种重要的推动力量,是我们法律体系运作必需的安全阀。

在普通法上,法律应用的个别化主要凭借陪审团做出一般裁定的权力,此种权力以这样一种方式发现事实,依该方式会导致一种不同于严格适用法律规则所要求的结果。表面上看,其中并无法律应用的个别化。裁判结论必然地、机械地来自于被裁定的事实。但是此种被发现的事实是为了达成此结果而被发现的,无论如何都不是实际的案件事实。或许此种权力自己使得关于主仆关系的普通法被上一代人所容忍。然而,在行使此种权力时,正如柯克勋爵所言,"陪审员变成了大法官",这使得陪审团在诸多类型的案件中成为一种让人不满的裁判机构。该种权力要对这样一种状况负有主要责任,即新的审判层出不穷,这使得陪审团成为一种运行成本最高的裁判机构。由陪审团成就的粗糙的个别化,被个体陪审员的情绪化诉求、偏见以及古怪的个性理念所影响,它正如法官机械适用法律一样,导致诸多不正义之判决。确实,陪审团不受控制的裁量权(立法机关在某些事务领域拥有此类权力),尽管作为循规蹈矩的法庭以及严格机械适用法律的反动而生,但它比后者还要糟。

在我们国家的报应正义之实施中,充斥着刑罚个别化应用的机制。我们那复杂的刑事检控机制中,包含了大量的减轻刑罚之力量,通过它们,个体罪犯被宽恕或被仁慈地处置。在刑事程序的开端,就存在着警察的裁量权,决定着谁以及什么会被投送到司法机器中。接下来是我们检控官员的宽泛权力,他可以无视罪行或罪人,可以在较早阶段就终止刑事程序,可以不予起诉,让他们接受大陪审团的审查,或者可以在控告之后撤诉。即使检控官员想要检控,大陪审团也可以无视指控。如果该案到了审判阶段,小陪审团可以藉由一种一般性的裁定行使免除权。接着是宣判中的司法裁量权,或者在某些领域,通过审判陪审团的裁量来评估刑罚。这其中包含着行政假释或缓刑以及赦免的执行权。参与刑事审判的"律师-政客"很明白如何运用这套复杂的机制,以使得职业罪犯就像这些机制意欲的那些对象一样逃脱罪责,甚至将后者取而代之。它们已经被用来消除这样一种理论产生的让人不快的结果,该理论本想机械地使惩罚符合犯罪,而不想调节对罪犯

第三章　法律的应用

的刑罚。此处，正如其他法律领域，排除行政要素的企图颇具讽刺意味地提供了超出必要范围的个别化的手段，背离了法律的目的。

其至更引人瞩目的是，作为对极端的法律的而非人的统治之反动，个人性的统治再一次出现了，这体现在对所有事物以及所有目的都设立行政法庭上。公用事业规制、途经不同所有人的河流的水资源使用分配、工人抚恤、刑罚的性质与实际期限、执业甚至是贸易的许可与实践、进入或居住在本国的权力、银行、保险、不公平竞争、贸易限制、工厂法、食品标准法、住宅法、防火保护法、关于委托人与代理人关系（诸如农民与代理商之间）的法律的执行，不过就是这样一些事务、活法、行动中的法，将其托付给行政法庭中的执行性正义。在一定意义上，这是日益复杂的社会秩序和它带来的劳动分工细化所要求的，然而，此种复杂性和劳动分工是为这几代人形成的，在他们那个时期，普通法对行政的猜忌是主导性的。本世纪我们恢复执行正义，在性质上主要是法外正义之回归的表现之一（在法律史上此种正义历时经年）。与在过去类似的回归情形中一样，它是法律生长期的先行者，是对法律在稳定期过分严格应用的反动的第一种形式。法律与行政的关系调适得不好，导致使人生厌、无效率、不严谨的法律程序，意味着仅关注正义的仪式，在这上面浪费时间与金钱，在我们这个时代，此败笔正干着类似状况在16世纪中叶的英国法中做过的事情。

如果回顾一下已经在我们法律体系中形成的法律个别化应用的手段，会看到，它们几乎无一例外地关乎这样一类案件，这些案件涉及个体行为或单位行为的道德品性，从而有别于财产案件和商事案件。衡平将它的法律个别化应用之权力,最大程度地用于那些被信任、信赖的人的行为。法律标准主要被用在侵权法、公用事业法以及与信托关系有关的法律上。当特殊环境排除了"无情之智"(intelligence without passion)时(依照亚里士多德,"无情之智"正是法律的特征),不受法律控制的陪审团是一种正义的力量,主要与行为的道德品性相关。很重要的是,在今天的英国,民事陪审团实质上被限定在诽谤、恶意指控、袭击与殴打、违背婚姻诺言的案件中。在有关侵权、家庭、评判单位行为的法律中,通过选择规则而实现的司法个别化,最值得注意。刑事程序中的精细的个别化体制,完全与个体行为有关。小陪审团的非正式司法方法是为这样一种法庭设计的,该法庭负责评判那些在我们大城市的拥挤与匆忙的环境中做出的行为。正被设置到各类事务领域中去的行政法庭,作为规整单位行为的手段,是最有必要的,也被证明是最有效的。

当我们考察关于普通法与立法各自的管辖领域的争议时,可以得出类似的结论。继承与继承权,财产利益及其移转的界定,商法问题,以及义务的创设、附带条款与转让,已经被证明是立法有成效的作用领域。在这些情形中,普遍安全之社会利益是支配要素。但是当问题不涉及实质利益,而是涉及权衡人的行为以及评判其道德性质时,立法就用场不大了。侵权法的法典化所做的不过是提供了若干重要的、宽泛的概括。另一方面,财产继承在任何地方都是一个成文法问题,商法在世界范围内都被法典化或正在法典化。进而,主要在财产法与商法这两种情形中,普通法坚持它的遵循先例原则。在立法有成效的地方,法律的机械应用也是有成效的以及可欲的。在立法失效的地方，使其不能让人满意地运作的同一个困难，要求我们为法律应用留下一个较宽的裁量余地，就如我们的过失法中的理性人标准，以及正直、勤勉之家长标准，后者在真地涉及诚信问题的地方，被罗马法（特别是被现代罗马法）用于解决大量的过错问题。所有消除此种裁量余地的企图都已被证明在做无用功。我们难道不可以得出这样的结论吗？即对于法律中与行为有着直接关联的部分，通过机械地适用固定的规则，不会实现完全的正义。在此种正义实施的部分，法官训练有素的直觉与有条理的判断才能为我们保证，裁判案件所依据的，是理性的原则，而不是偶然的任意规定，普遍安全和个体人类之生活之间的妥当平衡才能被维系，这还不够清楚吗？ 141

在现代法律中，将规则与标准予以区分使用，要求分派规则与裁量的领域。这在理智与直觉的各自领域中有其哲学根基，伯格森告诉我们，前者更适合用于无机物，后者更适合生活。与此类似，规则要求我们机械地前行，它更适合于财产和商业交易；标准需要我们依靠直觉探索，更适合于人的行为以及单位的行为。依照他，理智的特征在于，"它把握情境中的一般要素以及将其关联于过去情境的能力"，此种能力无法"完全掌控由本能统治的特殊情境"。在财产法以及商业交易法中，正是此类一般性要素以及它与过去情境的关联发挥着决定作用。被机械适用的规则，通过重复而运作，排除了结果中的个性（此个性会威胁到取得安全与交易安全）。另一方面，手工制品不同于机械制品，工人的特殊技能给予我们的，比规则所能够表达的要精巧得多得多。在法律上，某些情境要求手工制品，而非机械制品，因为它们涉及的不是重复（其 142

中重要的是一般性要素),而是独一无二的事件(其中重要的是特殊环境)。每一张票据都是相似的,资产的每一次分配都重复了《分配法》诞生以来不断复现的状况。但是,没有两个过失案件是相像的,或将会相像。在需要法律机器生产个性化产品时,我们诉诸于标准。在这样做的时候,更多地在表面上,而较少在实际上牺牲了确定性。因为,通过将固定规则机械运用于人的行为而获得的确定性,一直是幻想。

第四章　责任

　　一个想要使活生生的法律适合于自己的分析框架的体系主义者，必定依循普洛克路斯忒斯之方法。实际上，这个道理对所有科学都适用。在生活中，现象是独一无二的。今天的生物学家有时会怀疑，是否有"种"这回事，并且认为仅仅为了研究上的便利，才有所谓高级种群之说。一个伟大的美国自然学家说，"分界线仅偶尔在自然界中出现"。组织与系统是阐释者所做的逻辑构造，并不存在于被阐释的外在世界之中。它们是使我们对世界的经验变得可理解、可获得的手段。然而，我正在引导你们走向一个法学的终极目标，以及我基于某种哲学尝试建构一点体系化的法律科学，这并非幻觉。即使法律科学从未成就一种法律会永久屹立其中的终极体系，法学对更具包容性的秩序的持续探寻，法学为一个更简单的体系所做的不懈努力（依照它能更好地协调正义实施的实际表现，使其更加有序），这些并非徒劳无功的追求。理解与阐释法律现象之企图，引导我们得出了一些理论概括，它们深远地影响了这些现象，依照它们试图解释以及它们引发的现象来反思它们，使我们能够替换、修正或补充它们，由此可以使法律这种工具不断成长，以满足人类的广泛需求。

　　如下情境的性质、构造与哲学基础是法律科学的常规问题之一,在此情境中,一方可以要求另一方"给予、做或完成某种东西"(使用罗马法的表达方式),以满足前者的利益。古典罗马法律人基于自然法思考问题,将其称为存在于二者之间的、一种正当的与法律的束缚或关系,由此,一方可以公正地、合法地提出要求,另一方依照正义与法律则必须要履行。在现代社会,人们依照自然权利以及衍生自它的法律权利来思考问题(不论人们是否意识到这一点),分析法学家将其称为对人权。益格鲁美国的律师基于程序思考问题,将其称为(广义的)契约与侵权。如果被追问,他会把某种可执行的要求履行之请求权以及负责满足此要求的义务(duty),归属到罗马式的"准契约"(quasi contract)这个范畴,这里说"准"是恰当的,因为基于分析它们并不符合他们的契约理论,说"契约"则是因为在程序上它们是由契约引发的。如果被进一步追问,他或许愿意将普通法中的无过错责任和工人抚恤称为"准侵权"(quasi tort),"准"是因为没有过错,"侵权"是因为在程序上此责任基于侵权而认定。但是,在一些案件中,义务可以依照诉愿人的选择基于契约或基于侵权而执行,而在另一些案件中,最为精明的诉愿人也只能被迫进行选择,此种差异促使我们去寻找某种更好的解读方式。

债(obligation),这个罗马法术语,意味着当事人与被分析法学家称之为对人权的东西之间的关系,就此含义而论,它在我们的法律中是一个外来者。进一步,出于系统研究的目的,此关系不具有重要性,正如"积极之债"与"消极之债"这种短语中体现的民法法系化趋势,债这个术语已经被拓展,不仅仅与要求履行之资格或请求权以及负责满足此要求的义务有关。"对人权"这个词,以及它的伴生词"对世权",正如教师们很容易就体会到的,有着误导人

第四章 责任

的隐含意义,所以我们或许该把它们留给分析法学教科书来解释。在本讲座中,我会使用"责任"(liability)这个简单的词汇来指称这种情境,在其中,一方可以依法提出要求,另一方依法必须满足此要求。基于责任的此种含义,我会探查它的哲学基础,以及与此基础相关联的事务领域的法律构造。马夫(Yellowplush)在谈到拼写时说,每个绅士都有资格做自己。关于"盎格鲁—美国"的法律,我们没有由主权权威制定的权威制度文本,因此,每一个法律教师都有资格使用他自己的术语。

法律的开端就伴随着理论,责任的最初理论表现为买断他对致害人的报复之义务,不论该损害是致害人本人还是由致害人管控的某种东西造成的。该理念令人印象深刻地体现在盎格鲁-撒克逊的法谚中,"要么买下长矛,要么准备挨枪",意思是要么收买仇敌,要么与其一决雌雄。致害人如果想保护造成损害的亲属、儿童或家畜的人,要么就此损害与受害人和解,要么承受受害人的报复。由于通过规制与最终压制复仇,能更有效地保证和平与秩序上的社会利益——最低限度的普遍安全,和解时的赔付作为一种救济,成为一种义务而非自由(privilege),或者在被某人管控的人或东西造成损害的情形中,变成一种用来替代交出致害儿童或动物之义务的义务。责任理论发展的下一步是依照损害而非被买断的复仇去度量此和解。最终,责任理论将和解定性为赔偿。迈出每一步都不太容易,这些步骤还彼此融合,所以我们或许听过"惩罚性赔偿"这种说法。但是最终的结果是把消除报复的和解转变成弥补损害的赔偿。这样,以惩罚不法行为的名义赔付一定数量的金钱,就是责任的历史起点。

在原始社会,被某人或其庇护者损害的邻人或许不是唯一想要报复的主体(personality)。某人可能冒犯神明,并且既然愤怒的神灵完全可能不考虑公正与否,不加区分地惩罚庇护此不敬的作恶者的共同体,降下瘟疫,劈下闪电,某人在对神明不敬的时候,或许同时危及了普遍安全。因此,如果某人在做出允诺时让神来见证,政治组织化社会从祭祀手中接管社会控制的领域,为接受承诺者提供法律救济,以免他召唤神的帮助、危及普遍安全,就是有必要的了。同样地,某人在做出允诺时,可能让人民或邻人来见证,当违背承诺时就会冒犯他们。此时,和平也会受到威胁,政治组织化社会可以为受诺人提供法律救济,使其不必向他的公民伙伴或邻人求助。一种常见的情形是,以这种方式许诺的和解针对的是某种没有被包含在详细的和解价码中的损害,而详细的和解价码是古代"法典"的主要内容。另一种常见的情形是,将他人的财产用于某些暂时性目的的某人,允诺将其归还。此种情形是借贷,在铸造货币出现以前,借一匹马去附近城镇,与借十只羊来为某项和解买单,这两种情形并无区别。如此看来,责任的另一个起点就是,归还特定物或与其等价的特定数额,它是被这样允诺的,如果没有落实就会危及普遍安全。在罗马法中,对特定人之诉,以及债的理论和对人权的起点首先是,依照此种类型的允诺,归还特定物或特定数额。用法学术语来表达,责任开端的核心理念是这样一种义务,它要求要么消除被冒犯尊严、意欲报复的某主体的怒火,要么与其达成和解,不论该主体是受损的个人、神还是政治组织化的社会。希腊法与罗马法将那些法律上可以受理的对主体的损害,称为"侮辱"。由于损害邻人或其家庭成员而对个人的侮辱,由于不敬地违背神所见证的允诺而对神的侮辱,由于肆意无视对人民做出的郑重承诺而对人民的侮辱,这些侮辱危及社会的和平与秩序,需要法律救济。

在严格法阶段晚期,法律人开始概括和形构意识理论。一开始,此类理论是分析性的,不是哲学性的。他们试图形构一般性的准则,依照这些准则,严格法的硬性规则可以在它们竞合、冲突时被调和,或可以在它们的竞合与冲突危及其适用时被区分。在这个时期,责任的粗糙开端,即针对损害或对人、神、人民的冒犯而和解(以免他们实施报复)的义务,已经演变成对本人或本人管控的人或物所引起的损害负责的责任,以及对于以郑重形式做出的特定允诺的责任。这样,责任的基础变成了两个。它一方面依赖弥补损害的义务,另一方面依赖落实要式承诺的义务。对法律发展的这个阶段来讲,所有的责任案件都可以划归为这两种类型,从中可以得出有用的区分,这就足够了。至于为何某人应当去弥补损害?为何他应该去做出要式承诺?这些考量属于之后的法律发展阶段。

肇端于严格法与衡平或自然法之交的法学理论,在之后的法律发展阶段成为一种推动力量。由于法律要处理的人际关系数量增多,要求法律处置的情形变得愈加复杂,不再可能为每一种能被受理的案件都规定一个简单、明确、详细的规则,也不可能为每一个法律交易都规定一个固定、绝对的形式。在哲学化的法学家们的引导下,人们转而去逻辑地探寻情境的"本质"或理想形态,以及在具体的关系或交易中,"诚信"或"良心"要求什么的伦理理念。严格法则依赖规则与形式,并不会像这样去说明意图,语词被认为完全独立于背后的思想而产生效果。但是,正如法律人开始反思和教导某种超出了阶级或职业传统范围的东西,他们开始被哲学影响放弃了纯粹的机械方法,开始凭借理性而非专断意志来评判事务,强调的重点开始从形式转向实质,从文字转向精神与意图。成文法被认为不过是造法者对自然法原理的表达。在严格法阶段,人们继承了对语词力量的原始信念,这样来理解法律中的表述,就好像它们是某种具有内在魔力的咒语公式。但有效的并非言辞,而是法理,后者超越了语词与表述。传统规则也不是被我们的父辈发现的魔力公式,它是自然法原理的习俗式表达。与此类似,要式交易根本不是被用来召唤法律责任的私人魔法。它是在特定情境中做理性与诚信要求之事的意图的外衣(用的是法律承认的款式)。当形式与意图一致时,允诺者必须为他答应的东西负责。当被运用的形式没有表达或者超出了意图,或者是一个虽然明显但不真实的意图的产物时,接受承诺方不该不公正地从形式所要求的、允诺方的付出中获利。进而,义务的内容是去做诚信所要求之事,而不是严格地依照字面意义,做承诺之文字所要求的事情。并且尽管没有明示的承诺,仍有隐含在关系、情境与交易中的义务,这被视为诚信义务。某人或许会被要求符合某种行为标准,因为一个正直、勤勉的人,作为他自己的主人,应该这样做。这是罗马法古典时期的一种思想模式,它与在衡平法兴起,以及在商人法被吸收到我们的法律的过程中,一种独立发展起来的法学思想紧密相伴。

不法(delict)与要式承诺,这两个范畴传承自严格法阶段,人们很容易就使它们适合于此种新的思想模式。典型的不法行为要

第四章 责任

求恶意这个要素,即有意地侵犯他人的人格或财产。确实,亚居拉式疏忽(Aqulian *culpa*,依照它疏忽并不包括有意侵犯)代表着法学的衡平进展(依照它疏忽并不包括有意侵犯)。由此,当法律被等同于道德时(此种等同是此阶段的首要特征),在不法行为的情形中,重要的事情看起来是弥补恶意侵犯所造成的损害的义务。此时,法律的信条是"不损害他人"。履行有意(intentional)承诺的义务看起来也是依赖于允诺的内在道德品性,该品性使其对一个正直的人具有约束力。此时,法律的信条是"各得其份"。这样,责任看起来来自于故意行为——无论是以侵犯的形式还是以协议的形式。责任的"自然"渊源是不法行为与契约,责任别的渊源都类似于二者之一。无过错责任具有"准不法性"(quasi delictal),诚信所要求的不得不公正获利的责任有着"准契约性",从故意行动着眼,此种核心理念成为诚信的要求之一。

在 19 世纪,基于故意的责任概念有着形而上学形式而非伦理形式。法律是自由理念的现实化,其存在是为了实现最大可能的个体自由。自由是行动中的自由意志。因此,法律秩序的使命在于,赋予被表达的意志以最大效果,除了赋予意志效果或经由普遍的法则协调不同个体意志所需以外,不课予人们任何义务。曾经被用来发展完善故意责任的积极的、创造性的理论,变成一种消极的、限制性的理论,一种除了出于故意便无责任的理论(人们或许会将此过程称为"简化")。责任仅能够来自于可责的(culpable)行为或被承担的义务。在此种责任理论中,抽象的个体意志是核心要点。如果某人实际上不具有可责性,然而尚未废除的法律规定要求他负责,那是因为他被"认为"可责,历史上存在的法律责任就是可责性的证据。如果他实际上并不承担某项义务,然而尚未废除的法律规定要求他负责,这一定是因为他已经进入了某种关系或从事了某种职业,对该效果的某种承诺"蕴含"其中,或者参与了某种情境,该责任被"蕴含"其中(此"蕴含"是从责任中演绎出来的)。责任的基础是可责行为与法律交易,它们的终极基础归结为意志,法律责任中的基本概念是法律行为的概念——意志在外在世界的表现的概念。

罗马法与英国法开始于一套可被称为有名不法(nominate delicts)或有名侵权(nominate torts)的东西。在罗马法中有 *furtum*(攫取财物)、*rapina*(暴力攫取财物),以及 *iniuria*(恶意侵犯人格)。所这些都包含着恶意,即有意侵犯。亚居拉法增加了 *damnum iniuria datum*(错误的损害财产),后来又增加了可被称为 *dolus*(欺诈)与 *metus*(胁迫)的两种衡平性不法行为。这其中也存在着恶意侵犯要素,欺诈之不法行为的名称来自于它在罗马法中的有意误导特征,正如它在英国法中具有的欺骗特征。错误的损害财产不同于有意侵害,它是过错的广义概念,由法学发展而形成。亚居拉式疏忽,是一种导致财产损害的疏忽,因此通过亚居拉法的类推适用是可控告的,它为现代法律提供了模板。所有这些都可被调适以与意志理论相匹配,现代的体系主义学者经常这么做。但是,对于儿童、奴隶或家畜造成的损害的转承责任就不适合意志理论,船主、旅店老板、畜舍主人无关过错的救助之责,也不适合意志理论。对于儿童、奴隶、家畜造成的损害的责任在转承之诉中被实施,这基于与这样一种诉讼的类比,即那种如果由被告本人所做的话会造成同样损害的情形。因此,在程序上它看起来像是一种对于涉及

第四章 责任

有意侵害的不法行为的责任,并且我们能够说,不去限制造成损害的主体,是有过错的,尽管责任人没有过错表现,不存在过错却不能作为一种辩解理由。对于所有出自过错的责任来讲,有过错是因为有责任。此种从结果追溯原因的论证在法律推理中很常见。与此类似,在船主、旅店主人与畜舍主人的绝对责任的情形中,立法者可以说,他们在未能提供妥当服务上有过错,尽管此时无需证据来证明过错,不存在过错也不能成为辩解理由。由于在程序上,这些责任出现在基于具体案件事实的诉讼中,法学家把它们与别的责任形式混在一起,即那些事实上不依赖意图,事实上在诉讼中被实施的责任,正如那些来自于特殊案件事实的债(*obligationes ex uariis causarum figuris*)。后来它们被称为"准不法"债,它们在《法学阶梯》的四分法中,就是这么被命名的。巴克兰评论道,在《法学阶梯》中,囊括在"准不法"名下的几乎所有责任,都是对他人行为的责任,这一点在下列诉讼中表现得尤为明显:转承之诉(为自己的仆人负责)、脱落、投掷物之诉(对从建筑物中被扔出或流到路上的东西负责),以及针对旅店老板收受之诉。换句话说,在这些情形中,人们对特定事业和职业行为导致的损害负有责任,以及对未能控制自己管理的潜在致害因素负责,而不考虑过错与否。

现代法律已经放弃了有名不法与准不法,不再认为它们具有重要意义。法国民法典把亚居拉式疏忽转变为不法责任的一般性理论,它说,"每一种导致他人损害的行为,都使行为人负有弥补其过错的义务。"换句话说,责任基于行为,该行为必须是一种可责的行为。行为、可责性、因果关系和损害是其中的构成要素。此种简单的针对可责的损害原因的责任理论,被民法学者广为接受,此现象一直持续到19世纪晚期,现在它仍是正统学说。在19世纪后半叶,该理论被侵权法教科书作者接受,它在盎格鲁-美国法中产生了广泛影响。但是,与该理论一道,法国民法典保留着源自于转承之诉的无过错责任,由此,教师和父母要为他们管控的未成年人造成的损害负责,师傅要为徒弟造成的损害负责,雇主要为雇员造成的损害负责,动物管理者要为动物造成的损害负责。它也规定了对脱落物品致损的绝对责任,这来自于罗马法上的"未尽安全保障之注意"。在父母、教师以及师傅的情形中,存在的只是推定的过错。通过积极地证明他们没有过错,以及尽管已经付出努力,但仍不可能避免损害发生,他们可以被免除责任。雇主的情形中,却不允许此种辩解理由。此种情形中,责任是绝对的。在动物的情形中,受害人的过错、意外事件以及不可抗力,如能被积极地证明,可以成为动物管理者的免责理由。在脱落物的情形中,不存在过错推定。但如果构件脱落或造成损害是因为构造瑕疵或者失修,建筑所有人就负有绝对责任,诸如没有注意到此瑕疵、没有理由怀疑有此瑕疵或者无力阻止构件脱落,都不能作为辩解理由。

这样,我们会看到,在整个不法行为领域,法国法非常近似于一个逻辑一致的过错责任框架,民事上只有过错责任。雇主责任仍是绝对的,动物致损责任近乎绝对。至于别的案件类型,在一些特殊案件中,被告有证明其没有过错的举证负担,如果无法断定过错之有无,责任最终依赖于过错推定。尽管如此,最为彻底的、将不法责任仅仅立足于可责性的企图,即试图使责任仅立基于过错,未能完全如愿。近来,法国的学者毫不犹豫地说,此企图必须被放弃,必须构想一种新的民事不法责任理论。与此同时,摆脱对可责

第四章 责任

的损害原因的不法责任的简单理论的运动,在欧陆的其他地方也发生了。宾丁全面彻底地分析了过错原则,在他看来,该原则已经被德国和瑞士法学家普遍拒绝了。

在普通法中,正如之前说过的,责任同样开始于一套有名侵权、袭击、殴打、监禁、非法侵入、动产侵占、侵占、欺骗、恶意指控、散布谣言与诽谤,这些侵权类型程序性地衍生自侵入(侵占)之诉以及个案侵入(侵占)之诉。除了非法侵入、动产侵占与侵占以外,所有这些侵权行为都可划归为有意损害。非法侵入、动产侵占与侵占更多地涉及普遍安全,必须与财产权的理念相结合来考虑。在"取得安全"上的社会利益要求,我们能够信赖他人不进入我们的土地,不对我们的财产动手脚,当他们侵入他人土地或擅动他人财产时,就要做好受处罚的准备。无行为则无责任。对于这些有名侵权来讲,每一个都有适用于自己的特殊规则,它们继承自严格法阶段,我们添加了一个新的责任基础,即过失,它依据的原则的内容,不是对侵犯负责的义务,而是对因为不符合管控积极行为的法律标准而造成的损害的义务。有些人确实提出将"过失侵权"列为有名侵权。但是人们很快意识到,在过失的情形中,我们有一种责任原则,它依赖于标准,而非某种类似于袭击或监禁的侵权类型。后来,随着关于有益关系损害的理论的出现,以及无法用过失来说明所有非故意的损害(此类损害实际上正被法律关注),我们发展出了不定数量的无名侵权。今天,程序性的障碍已经没有了,我们没有理由不去提炼概括,就像民法法系在上世纪初那样,此种概括工作在19世纪60年代以后已经被尝试了。责任来自于过错,这成为普通法的正统理论。至于普通法中的无过错责任,它们被认为是历史原因造成的例外,受此理论影响,我们的一些法庭正极力推动废除此种责任。不考虑过错为仆人与雇员的行为担负的责任,通过"代理"之拟制能与此种理论相协调,这在很长时间以前已经被大法官霍姆斯先生以及其后的贝蒂先生阐述过了。最终人们认为,没有无过错的责任,这不仅是普通法的要求,也是自然法的内容,任何立法机关课予此种责任,自身就是任意的、不合理的,因此也是违宪的。依照此理论,纽约上诉法院认为工人抚恤是违宪的,美国联邦最高法院中的少数法官近来也持有同样的见解。

由于侵权责任的基础问题涉及到宪法,鉴于立法机关愈加频繁地在特定事业中、在特定内含危险因素的情形中、在人们感到应由我们大家分担损害而不该让碰巧受损的不幸个体独自承受的情境中,规定了自负风险之责任,侵权责任之基础已经超出了侵权法的范围,成为一个紧要问题。我们是否应该把整个侵权责任体系归结为单一的过错责任原则(就像法国法试图做的那样,以及我们后来在很大程度上受其影响试图去做的那样),或者另一方面,在过错之外,承认另一种不法责任的渊源(就像法国法事实上做的和在理论上正在做的那样,以及我们的法律事实上一直在做的那样),这是一个非常重要的实践问题,也是一个有趣的理论问题。目前在我们的法律中,有三种不法责任类型:(1)对故意损害的责任;(2)对非故意的可责损害的责任;(3)在特定情形中,对非故意的不可责的损害的责任。前两种与"无过错无责任"的原理一致,第三种与其不符。我们必须要么将第三种责任视为历史上的异常现象,需要逐步予以清除,要么修正我们的侵权责任观念。让我们回想一下,在我们理解过失问题,以及将无过错无责任认定为普通

第四章　责任

法正统之前，19世纪已经很先进了，英国最高法院通过赖兰兹诉弗莱彻（*Rylands v. Fletcher*）一案的判决已经开拓了绝对责任这个新领域。当我们问，上一代人的正统理论是否足以作为一种关于法律是什么的分析理论，或者作为一种关于法律应该是什么的哲学理论时（对我来讲，它都不够格），我们不是在质疑盎格鲁－美国的正义实施中的一个长久存在的教条。

假设一下，我们不是以个体的意志自由为起点，而是从文明社会中的需求与主张开始——正如已经知道的，从文明社会的法律预设开始。此种预设之一是（我认为我们会同意），在文明社会中，人们必须能够相信，他人不会给他们带来故意的伤害——他人不会故意地侵害他。野蛮人必须悄悄地移动，带着武器，避开他人的视线。文明人认为没人会攻击他，所以不带武器，公然地与伙伴一道，在精细的劳动分工体系中做他那份工作。如若不然，除了将那些好斗的人分隔出去，就不可能有劳动分工，正如我们在原始社会看到的那样。此种预设是文明社会的基础。不论在哪里，恶意行径都要首先被处理。有名不法或有名侵权体系，不论在罗马法还是在我们的法律中，都基于此种预设而运作。

在文明社会中，人们必须能够认识到，他们的伙伴们在积极地从事某种行为时，会尽到妥当注意（通常的理解和共同体的道德感要求的注意），能够考虑到那些可以合理预见的结果，这难道不是文明社会的另一个基本预设吗？此种预设是不法疏忽的基础（在狭义上使用疏忽这个词），是我们的过失理论的基础。在罗马法以及我们的法律中，人们试图契约性地发展此预设。如果在一个涉及诚信的交易中（即非要式法律交易），一方没有做这样行为，即按照他方基于对正直人的理解有理由期待他去做的行为,此时他就有了契约性疏忽,违背了隐含在交易中的允诺,由此要负责任。我们从罗马法中借用了此种思想模式的一些东西,用在了我们的委托法中,因此在此领域中,依照侵权还是契约,思考上没有差别,尽管历史上我们以不法之诉来处理这些案件。在别的领域中,凭借"隐含的技能使用承诺",我们的法律曾经一度试图契约性地发展此预设,基于此承诺,如果某人的技能缺少了特定环境下积极行为的法律标准所要求的东西,他必须负责。在法律年鉴中,隐含在特定关系或职业中的,运用该关系或职业要求的技能或勤勉的承诺,也经常成为责任的基础。但在这里,责任的基础必定存在于关系中。在某种关系或职业中包含的技能或勤勉之运用承诺的拟制,是在以法学的方式说,与他人在这样一种关系中交往的人,或与从事某种职业的人交往的人,有理由认定其中通常包含了此种技能和勤勉,以至于法律要求身处此关系中的人,或从事此职业的人遵守此标准,以维护普遍安全。换句话说,这里涉及另一个(尽管与第一个预设有紧密关联的)文明社会的预设。

这里有必要插几句,说说这样的事情显示了,不法与契约这种历史范畴,对于法律思想任何实质的或内在的需求,表达程度有多小。奥斯丁认为,"将债(或者将与权利相对应的、针对特定人的义务)分成基于契约的债、源于伤害的债,以及那些来自于既非契约也非伤害的意外事件的债",是一种"必须的区分",离开了它,"法律体系在一个文明社会中的演化",无法被想象。此种"必须"的体系性框架,作为任何可想象的发达法律体系的必然"构成部分",不过就是罗马法中区分的契约之债、不法之债以及他种原因之债,其

第四章 责任

中第三个范畴很明显是个笼统范畴。在试图使我们的法律适合此种必须的框架时,我们发现了三种必须放入此框架的情形:(1)法律规定与某关系相连的义务或责任;(2)法律规定的不得不公正获利的义务;(3)包含在某种职务或职业中的义务。在其中的第一种情形中,我们盎格鲁-美国的程序要求恢复来自于不法行为或契约的损失。在第二种情形中,我们的法律有时运用一种法定信托的财产理论。在第一种情形中,义务的执行有时是积极地通过授予法律权力,有时是消极地通过法律不限制自然权力,正如在家庭关系法中,妻子有权力抵押丈夫的信誉以获得生活必需品,法律不干预父母对儿童实施的合理"矫正"。我们会说,我们法律中这些对罗马法框架的断然背离是不可想象的吗?或者因为它们,我们的法律是不成熟的,或者没有"在一个文明的社会中演化"?或者我们会说,奥斯丁不是通过科学地研究英国法,而是通过在德国大学里科学地研究罗马法得出他的体系性理念?我们会说,我们不能够"融贯地想象"一种法律体系,它不加区分地执行来自于契约或来自于不法行为的责任,就像我们的法律所做的那样?或者它更进一步,用契约的方式处理源于不法行为的损害,就像马萨诸塞州的法律那样?说到这儿就够了。此处我们拥有的不是任何必须的区分,而是奥斯丁称之为"普遍观念"的东西,通过从罗马法文本中推演的方式,它普遍地存在于发达法律体系的体系性理念之中。罗马法中或许有一种不法之债的契约观念——不法行为被理解为会引发债务;普通法中有一种契约责任的不法观念——用弥补损害来理解错误地违背允诺的责任,没有对最终结果进行过多区分。基本的东西不是侵权与契约,而是关于我们的伙伴在文明社会中、在诸多不同情境中的行为模式的合理预设,侵犯与承诺不过是这些情境的两个常见类型。

现在回到我们第二个关于积极行为的妥当注意之预设,我们可以注意到,在今天的社会里,它与没有故意的侵犯之预设同样基本。在原始社会,侵犯如果不是唯一的反社会行为的形式,也是最主要的形式。确实,公元前5世纪论述法律与政治的希腊作家,不知道其他的法律信条。但是随着机械的发展和由此而来的人类行动能力的增长,就像被人们所做的事情威胁一样,普遍安全开始被人们做事情的方式所威胁。对于普遍安全来讲,疏忽开始成为一个比侵犯更为经常、更加严重的危险源。由此一套以恶意为要件的有名不法,开始被一种疏忽理论所补充。一套具有有意侵犯特征的有名侵权,开始被过失责任所补充,后者在实践中成为更为重要的法律责任渊源。

我们不必承认第三个预设吗?该预设即为,人们必须能够相信,看管物品、维护设施或运用某种力量的人(它们可能失控或逃出从而造成损害),会将它们限制或保持在妥当的界限内。我们如果总是在防范邻人的侵犯或其可能有的各种愿望打算,就没法在一个依赖于精细劳动分工的社会中有效地做自己的事情,与此类似,如果我们每一个人由于担心邻人看管或维护的东西松脱或失控而不敢活动,我们立基于劳动分工的复杂社会秩序也就不可能运转良好。对普遍安全的威胁,不仅仅存在于人们做了什么或做事情的方式中,还存在于他们在没有限制其维护的东西或运用的力量时(这些如果没有被严格控制就可能造成损害),未能做到的东西中。普遍安全被恶意侵犯所威胁,被以不顾及他人的方式做

第四章 责任

出的积极行动所威胁,被这样一种人们看管、维护的东西或运用的力量所威胁(即那些可能逃脱或超出界限从而造成损害的东西与力量)。由此观之,不法责任的终极基础是普遍安全上的社会利益。威胁或限缩此种利益的因素有三:(1)故意侵犯;(2)过失行为;(3)对于有着潜在危险性的、人们维护的事物或运用的力量,未能予以限制。依此,这三个因素是不法责任的直接基础。

无过错责任的争议情形涉及到第三个预设。体系主义学者在协调过失法与责任的意志理论以及无过错无责任理论时,没有遇到困难。然而他们必须在特定意义上适用过错这个词,以使我们有着妥当注意之客观标准的过失法,或者罗马法中用抽象标准判断的疏忽责任,适合于道德可责性理论。过错责任理论在衡平与自然法阶段有其根基,这时道德与法律是同一的,它意味着一个人应该为他自己做出的道德上可责行为导致的损害负责。如埃姆斯(Ames)所言,"行为的非道德标准",被这样一种问题所替代,"该行为是可责的吗?"但是,在以下情形中行为具有可责性吗? 行动者反应慢、天生易冲动、胆小羞怯、易慌乱,从而在紧急事态中无法满足理性、审慎的人在此事态中会做什么的标准,而这却是陪审席上的12个普通人在事后会适用的标准。我们在此处使用的"可责"不是匹克威克式的,我们应该允许此种情形中的被告来展示他有何种本性,允许他提出的、考虑他的性格、性情以及行动时的环境来个别化应用法律之要求。正如罗马法学者会说的,我们应该使用一种具体的疏忽标准。但是,法律真正在意的并非他疏忽地实施其意志,而是如果他和他的伙伴在没有满足维护安全所需的标准的情况下积极地行为,会带给普遍安全的危险。如果他做出行动,就要满足此标准,如若不然就要为由此而导致的损害负责。当过失案件要求严格适用客观标准时,过错在很大程度上是一种教义学拟制,就如主人为仆人负责的情形中的"代理"。在每一种情形中,意志理论的急切要求,导致我们遮蔽了一种无关过错的责任,通过对道德上或许不可责的人断然施以过错之非难,来维护普遍安全。我们将这些情形称为"自身过失"(negligence *per se*)才是对的。

为可能脱离控制的物品之失控造成的损害负担的绝对责任,与无过错无责任原则的协调,已经通过如下方式被尝试:过失拟制;将它们宣告为正在消失的历史异常;把它们视为扭曲法律的阶级利益之结果的经济学解释;事实自证理论。布莱克斯通使用的是第一种方式。"某人应负责的是",他说,"不仅仅他自己的不法侵入,还有他的牲畜的不法侵入,如果因为他在看管上的过失导致它们跑到别人的土地上……这是一种非法侵入,主人必须对由此造成的损害负责。"但要注意到,此处的过失是一种教义学拟制。此时并不要求原告证明存在过失,被告也不允许展示事实上他没有过失。过失是由责任所确立,而非责任由过失所确立。

在上个世纪,很常见的情况是,为动物之非法侵入、野生动物致损以及已知具有危险性的家畜致损课予绝对责任,这被视为一种正在消亡的古老的和解责任的基本原理。美国关于脱跑到未耕作土地上的牲畜的理论通说,看起来印证了这一现象。然而人们只要透过事情的表面就能看到,此种英国的规则在美国一度被拒绝,不是因为它与基本的无过错无责任原则相冲突,而是因为它预设了一种稳定的社会状态,在此种社会中,把牲畜放出去进食有损普遍安全,而在过去开拓性的美国社会中,空置的有主土地与无主

第四章 责任

土地难以分辨,并且此种社会的放牧资源经常是它最重要的资源。不考虑其基础,普通法规则一度无法适用到本地状况中。重要的是,由于导致这些规则无法适用的条件已经消失,这些规则普遍性地自我重建了。在英国它是充满活力的,以至于侵入动物的主人要为这些动物传播的疾病负责,即使他不知道或没有理由知道它们有病。能够自我重建以及以此种方式拓展适用范围的规则绝非行将就木。其背后一定存在着某种社会利益基础。美国法院试图把普通法关于已知有危险性动物致损的责任限定到看管过失的情形中,这并没有取得很大进展。美国的权威机关维持了此种普通法规则,在英国,上诉法院将此规则拓展运用了,要求在动物因为管闲事的第三方的错误行为而逃脱的情形中,主人仍要负责任。如下预言在此事件中被证实了吗?即通过法庭设置例外来限制的方式,赖兰兹诉弗莱彻(*Rylands v. Fletcher*)案中的原则会从法律中消失——预言通常在上世纪末被做出。1914年,英国法庭拒绝将此原则的适用范围限定在邻近的不动产所有人,从那时起它们把该原则拓展至新的情形。进而在美国,我们曾被告知,它被断然拒绝了,但在过去的十几年,它被不止一个法庭所适用。那些宣称拒绝此原则的主要的美国案例,并不涉及该原则,我认为,这些案例也不涉及该原则立基其上的文明社会的那个预设。在那时,纽约上诉法院(无过错无责任的主要阐述者)在爆炸案中,也规定了一种无关过失的责任。

人们运用法律史的经济学解释,对赖兰兹诉弗莱彻案中的原则的一个精巧阐释,更值得注意。我们被告知,英国法院被地主所控制,或者被出身于地主阶级的法官所控制,赖兰兹诉弗莱彻案中的原则是一种服务于地主的原则,所以没有被美国的工人们接受。但是让我们看看,哪些州适用了该规则,哪些州拒绝了它。适用它的州(时间)有:马萨诸塞州(1872)、明尼苏达州(1872)、俄亥俄州(1896)、西弗吉尼亚州(1911)、密苏里州(1913)、德克萨斯州(1916);拒绝它的州(时间)有:新罕布什尔州(1873)、纽约州(1873)、新泽西州(1876)、宾夕法尼亚州(1886)、加利福尼亚州(1895)、肯塔基州(1903)、印第安纳州(1911)。由此观之,难道纽约州是一个工人州,而马萨诸塞州是一个地主州吗?美国竟然在1910年前后从工人国家转变成地主国家?所以它会在1873年至1896年间持续拒绝之后,在1910年开始接受此原则。赖兰兹诉弗莱彻案的判决时间是1867年,与戴雪称之为集体主义的运动相关联,照他的说法,此运动开始于1865年。它是对仅仅基于可责性的责任观念的反动。它限制土地的使用,以维护普遍安全利益。如果这种观点还算妥当,如果它试图维护的是拥挤国家中的普遍安全之社会利益,这或许解释了美国为何一开始不愿意接受它,在美国,适合于一个不太拥挤的农业国家的开拓理念,至少一直持续到19世纪末。在实际的美国判决中,有一些依循赖兰兹诉弗莱彻案,将其作为对普通法的权威阐述。别的案件则依照基于可责性的责任原则。沿着这条理论线农业州与工业州有着相似之划分。马萨诸塞州与宾夕法尼亚州都是工业州,二者站在对立的两边。德克萨斯州与肯塔基州也是如此,它们都是农业州。马萨诸塞州和新泽西州,每一个都有一个委任席位,分别站在对立的两边,俄亥俄州和纽约州也是如此,每一个都有一个选举席位。事实是,马萨诸塞州法院跟随权威,在新罕布什尔州,首席法官多伊不愿意仅

第四章 责任

仅听从权威,他基于责任必须来自于过错的一般原则判决。

另一种观点是,当过失与事实自证理论没有被人们太好地理解时,赖兰兹诉弗莱彻案的原则是一种粗糙的适用后一种理论的原则的尝试,那些原则将足以产生实际结果。无疑地,在某人维护某种可能失控并造成损害的东西的情形,事实自证理论提供了一种可能的案件处理模式。对此类案件有四种可能的解决方案。第一个是绝对责任,如在赖兰兹诉弗莱彻案中那样。另一个是把妥当注意之举证负担放到被告身上,如法国法在某些案件中所做的,一些美国判决所做的,以及一些关于火车头引发火灾情形的成文法所做的。第三个是运用事实自证理论。第四个是要求原告来证明存在过失,正如新泽西州高级法院在一个已知有危险性的动物脱离控制案中所做的那样。第四种是无过错无责任理论要求的处理模式,只有两个法庭支持它,并且仅仅运用在已知危险性家畜的案件中(此现象暗示着该理论的妥当性程度)。事实自证理论可以很容易就变为一种教义学拟制,并且如果它想要实现赖兰兹诉弗莱彻案中的原理所要求的结果(除了不可抗力或被告无法控制的第三方的不可预见的非法行为以外,不允许被告举证),必须做此转变。该原理经受住对立理论的攻击达一代人之久,它显示出的生命力与持续性意味着,它不仅仅是一种历史异常或专断错误。

另一种普通法的无过错责任,即所谓的作为承保人的运输商的责任、旅店老板的责任,它们是关系性的,依赖于一个不同的预设。19世纪美国的法院竭力限制第一种责任,限制它的原因是,它与过错责任理论不一致。但是它已经证明有着旺盛的生命力,已经在某些州被立法机关拓展运用到运送旅客的运输公司,近来已经被各地立法机关所支持。

另外两种责任,即契约性责任与关系性责任,必须简要关注一下。前者长期服务于意志理论。不仅来自于法律交易的责任,还有系于职务或职业的责任,系于关系的责任,以及在不公正获利情形中的返还责任,它们都指向明示或暗示的承诺,并因此指向责任人的意志。但是透过事务表面,所谓的禁止反言契约;对错误地做出的要约的承诺的情形;除了在特定可疑情形中为了履行它的关系性义务,一个公用事业单位关于设施或费率没有一般性的契约权力之原理;以及在婚后由于法律的改变课予丈夫或妻子义务的情形;它们已经引起了持续的、反复出现的困难,普遍要求修正我们的理念。契约的客观理论也破坏了意志理论的老巢。我们不可以把这些现象不归于被束缚者的意志,而是归于文明社会的另一个预设及其推论吗?我们不可以说,在文明社会中,人们必须能够相信,他们在一般社会交往中打交道的对象会诚信地行动吗?如果是这样的话,有四个推论可以作为四种责任的基础。这些推论是,他们必须能够相信(1)他们的伙伴会做出良善的合理期待,这些期待由他们的允诺或别种行为所创造;(2)他们会依照共同体的道德感系于其上的合理期待来落实他们的承诺;(3)他们在关系、职务、职业中用热忱与忠诚来引导自己的行为;(4)他们会恢复原状或损失,这些损害由错误或不可预见的情形导致(在此类情形中他们得到了在此环境中不可能合理期待得到的东西)。这样我们回到了诚信理念,这是古典罗马法学家的理念、17世纪哲学法学家的理念,意志理论不过是形而上学式地从中发展而来。我们只不过在它们从交易本质理论中找基础,或者从作为道德存在的人的本性理论中找基础的地方,赋予其社会哲学基础。

　　回顾整个主题,我们说:法律保障源于行为、关系与情境的合理期待;而不是说:它通过保障被宣示的意图的意愿后果,保障对意愿行为的可责后果的弥补,依照且仅依照意愿性行动而运作;这样一来我们不是会解释更多的现象,并且更好地解释它们吗? 如果依照这种说法:责任理论的终极要素是文明社会条件下可证立的依赖;而不是依照这种说法:责任理论的终极要素是自由意志。我们就能解释更多的现象,并且能更完满地解释它们。我们就会做到我们或许希望凭借任何一种理论去做到的事情。

第五章　财产

众所周知,个体在社会中的经济生活涉及四类主张。其一,控制特定有体物(人类存在依凭的自然媒介)之主张。其二,除了作为人格之组成部分的力量的自由运用以外,对作为个人资产的产业自由与契约自由之主张。这是由于,在高度组织化的社会中,人的一般性存在很大程度上或许依赖于个体在特定职业中的劳动,在其选择的职业中自由劳动的能力或许成为个体的主要资产。其三,对被允诺的好处,实施他人有金钱价值的允诺的主张。这是由于,在一个复杂的、有着精细劳动分工的经济组织以及诸多长期以来不断拓展范围的事业组织中,信用越来越替代有形财产成为交换媒介和商业活动的推动力量。其四,免于被外人干预自己与他人的有益关系的主张,不论此有益关系是契约的、社会的、商业的、官方的还是家庭的。这是由于,各种有经济价值的关系所涉及的,不仅仅是针对关系内他方的主张(人们可以诉诸法律保障此主张),还有对世主张,即这些有益关系作为个人财产的重要组成部分,不应被干预。法律承认这些个人主张,界定与保护个人财产利益,这构成了我们社会的经济组织的基础。在文明社会中,人们必须能够相信,出于有益于自身的目的,可以控制他们发现的东西、适合自己使用的东西、他们通过劳动创造的东西以及在既存社会

第五章 财产

经济秩序中获得的东西。众所周知,这是文明社会的法律预设。广义的财产法,包括了无形财产以及正在形成的保护经济性有益关系的原则,它落实了此预设表达的社会需求或要求。在基于信用的经济秩序中,契约法也发挥着此种功能。取得安全和交易安全上的社会利益,是普遍安全利益的表现形式(它是法律的主要目标)。公共安全、和平与秩序以及公共健康主要被警察和行政机关保障。财产与契约、取得安全与交易安全则是法律最有成效、最被需求的应用领域。因此,财产与契约是两个法哲学讨论最多的主题。

在有关责任的法律中,不论是源于损害的责任还是来自于承诺的责任,哲学理论在型塑法律的实际样态上都有着很大影响力。它们源自于理解和解释既存法律规定的企图,然而它们提供了评判标准,凭借此标准,评判那些规定、着眼未来型塑它们、在已有规定中或基于它们建构新规定。财产的哲学理论则有所不同,它们的角色不是批判性或创造性的,而是说明性的。它们没有展示如何去建构,而是试图用人们已经建构的东西来满足人们。检视这些理论是一种对如下问题的启发性研究:产生自特定时空事实、用来阐释它的法哲学理论,是如何作为一种阐释性或决定性因素,具备对所有时空的社会法律现象的普遍适用性。人们都说法哲学试图寻找此时此地法律中的永恒或持久要素,下面的说法也是对的,它试图在此时此地的法律中发现一幅普遍法的永恒或持久图景。

人们普遍认为,文明社会中的个体要求去控制他发现的东西,把它用于实现自身的目的,并想要支配他通过劳动创造的东西(不论是物理的还是精神的),以及他在当下社会、经济、法律体系中,通过交换、购买、赠与或继承得到的东西。这些要求中的第一个和第二个总是被说成是赋予财产以"自然的"权利(title)。罗马法把它们说成是通过先占(occupation)或具象化(制造一个物种,即创造)的"自然取得"模式。确实,人们将其发现的东西据为己有,非常符合人类的基本本能,以至于自从罗马人阐述它们之后,发现和先占就一直存在于法律文献中。在公共地域发现矿藏的习俗(美国的矿产法立基其上),以及过去捕鲸时的"快鱼"与"丢鱼"习俗(它被法庭承认并实施),是明显的例子,它们展现了此原理与人类的深层趋向的应和程度。但是,在创造或具象化的情形中,有一个难题,这是因为,除了纯粹精神创造以外,创造必须使用材料,而被使用的材料或工具可能是别人的。格老秀斯把通过劳动的创造还原为先占,如果某人用他发现的东西来创造,此材料通过先占而成为他的,如果不是,他人对此材料的权利便决定了创造物的归属。一方是通过劳动而创造的人的主张,另一方是提供材料的人的主张,二者之间的争议可以追溯到古典时期的罗马法学家。普罗库卢斯学派将创造物归于创造者,因为它在之前不存在。萨比尼安学派将其归于材料的所有人,因为没有材料新物不可能产生。在罗马法的成熟期,二者达成了妥协,从那时起出现了多种妥协形式。然而在现代,创造者的主张被洛克以降的诸多学者所支持,并在社会主义者那里达到顶峰。罗马人把人们在当下社会、经济、法律体系中取得的东西说成是通过"文明"获得而持有,认为各得其份原则确保了如此取得的东西成为某人自己的。

罗马法学家承认,某些物依上述任何一种方式都不可以被取得。在自然理性的斯多葛理念的影响下,他们认为,绝大多数物依

第五章 财产

其本性注定要被人控制,此种控制表达了它们的自然目的,然而某些物并非注定要被个人控制,个人控制会违背它们的自然目的。因此,它们不能成为私人拥有的对象。这样的物被称为不可流转物。它们可能由于以下三种原因,不能被个人拥有。某物可能因其本性仅能被使用,不能被拥有,因其本性适于公用。它们是公用物。或者某物可能为了公共使用而创造,或因其本性适于公共使用,即被公职人员或政治共同体用于公共目的。它们是公共物。某物可能被用于宗教目的,或通过与私人拥有不相容的宗教行为献祭给神灵。这类物是神护物、神用物和神息物。在现代法律中,作为以下两个因素的结果,我们将上述第二个范畴转变为公共团体财产范畴,一个是中世纪将主权者规制物之使用的权力与所有权相混淆,另一个是国家的团体人格理念。此转变促使现代体系主义学者们去区分以下三种物:第一种是完全不能被拥有的物,例如,人;第二种是可以被公共团体拥有,但不可以被转让的物;第三种是被公共团体拥有且完全支配的物。我们也趋向于通过把无主物(例如,野生动物)转变成公用物,限制发现与先占的理念;通过宣称它们是国家的财产或"被国家替人民代管而所有",来证立一种对公用物的个人使用(例如,使用流动水源灌溉或发电)的更为严格的规制。然而应该说,在形式上我们的法庭与立法机关似乎把除了空气和公海以外的所有东西都变为可拥有的对象,但事实上,所谓的对公用物和无主物的国家所有仅仅是一种为了实现社会目的的监护。它是一种统治权,而非支配权。作为团体的国家并不像拥有议会中的一件设备那样拥有一条河,并不像拥有财政部地下室的现金那样拥有野生动物。它的用意是,保护重要的社会资源要求规制公用物的使用,以消除冲突、避免浪费,要求限制无主物被取得的时间、地点与主体,以免它们灭绝。我们理解它的现代方式,仅仅是19世纪的口号"所有东西必须被人所拥有"的一个变异形式。

  不难看到,罗马人是如何得出这个区分的,此区分从那时起一直被保留在法律文献中。某些物是罗马的家主的组成部分,被他用在他先占的公共领域中,或被他贩卖给(他有与其进行商业交往的法律权力的)某人。他取得这些东西的方式有:发现、战争中俘获、农业劳动、加工制造、商业交易、继承。这些是适于私人掌控的东西。别的物不是他的组成部分,也不是任何人的家庭组成部分。它们被用于政治、军事和宗教目的,或者像河流一样,被所有的人使用,但不会被消耗掉。对于这些物,需要的不是司法权力,而是治安官的权力。通过禁令它们被保护,或对它们的使用被规制和保证。人们不能取得它们供私人控制。这样看来,某些物能被取得与移转,有些物则不能。然而依照法学理论,此区分想要有效,就必须符合物的本性,并依此得以普遍化。

  当有大量的未占据土地可供居住,有丰富的自然资源等待被发现与开发,一种通过发现与拿走无主物而取得的理论(承认少量的不可流转物),并不会碰到严重的困难。然而,在一个拥挤的世界中,不可流转物的理论,看起来与私人财产以及(可能会浪费社会资源的)发现和先占的理论不一致。关于后一种情况,我们可以把公共领域中的矿产法和用水权法(它们依循发现理论而形成,基于1849年的社会状况以及1866年、1872年的联邦立法,被归结为占有〔possession〕问题)与近来基于保护自然资源理念的立法进展相比较。关于前一种情况,需要考虑得更多一些。将某些物排除在私有范围之外的论证,或许看起来越来越被用在土地,甚至是动产上面。所以赫伯特·斯宾塞在解释公用物时说道:

"如果某个体干预了他人与(他人生活所依赖的)自然媒介之间的关系,他就侵犯了他人的自由,依据此自由他自己的自由才有价值。"

但如果它适用于空气、光与流水,人们一定会质问为何它不能适用于土地、食品、工具设备与资本,甚至它或许适用于真正的人生所依赖的奢侈品。依此,如何合理说明所谓的财产的自然权利,如何确定此权利的自然界限,成为法哲学的棘手问题。

古人满足于维护经济社会现状,或至少满足于将其理想化并依其理想形式维持它。中世纪满足于把各得其份当作决定性原则而接受。取得土地与动产以及私人拥有它们,是既存社会系统的组成部分,这就足矣。随着权威的失落,17、18世纪法学家开始将私人财产背后的自然理性理解为所有别的制度的根基。在康德将此种根基摧毁之后,19世纪的哲学法学家试图从一种基本的形而上学事实中演绎出财产权。历史法学家试图记录私人财产在人类经验中的展开过程,如此来展示此普遍理念。功效主义者用他的基本判准推证(demonstrated)了私人财产。实证主义者通过观察人类制度及其演进确立了私有财产的有效性与必要性。换句话说,当18世纪自然法失效的时候,法学家试图为自然权利的旧构造提供新基础,正如自然权利已经被当作一个新基础,被用来支撑之前已经在权威中找到了科学基础的社会制度。

对于作为一种社会和法律制度的私有财产,人们试图为其提供合理说明的理论,或许可以分为六个主要的理论群,每一个都有诸多不同的表现形式。这些理论群有:(1)自然法理论;(2)形而上学理论;(3)历史理论;(4)实证主义理论;(5)心理学理论;(6)社会学理论。

在自然法理论群中,有些依循推演自事物本质的自然理性原则的观念,有些依循人性的观念。前者延续了罗马法律人的理念。他们从用来说明具体案件的明确的原则出发,并使其成为财产的一般法律的普遍性基础。正如已经提到的,他们发现了一个财产的预设,通过演绎从中导出财产。这样的理论通常要么开始于先占理念,要么开始于通过劳动的创造理念。旨在立基于人性的理论有三种形式。某些理论依循一种自然权利观念,此权利被当作人性的特质,通过关于抽象人的本性的推理而得出。别的理论基于社会契约而展开,此契约表达或保证了通过推理得自于抽象人的本性的权利。在最近的研究中,第三种形式已经出现了,它可被称为经济自然法。依此种理论形式,财产的一般性基础推演自人的经济本性或作为经济存在的人的本性。这些是自然法的现代理论,它基于经济而非伦理。

格老秀斯和普芬道夫可以被归于财产的老派自然法理论类型。依照格老秀斯,所有东西一开始都是无主的。不过是社会中的人们通过协议将物分配。没有被这样分配的物,后来被人们发现,然后被占有。这样,物从属于个人的控制。完整的处置权力从个体的控制中推演而来(它就像是某些逻辑地隐含其中的东西),并且这种处置权提供了从他人那里取得物品的基础,这些人的权利直接或间接地依赖于这样一种自然基础,它通过原初协议分配

第五章　财产

或其后发生的发现与先占而形成。进而我们可以说,物之所有人对物的完全控制,不仅包括生前给付的权力,还包括作为一种延迟赠与的、死后移转物品的权力。这样,一个完整的、财产的自然权利理论体系,就变成这个样子,它直接或间接依赖于被预设的原初协议分配,或者后续出现的发现与先占。我们应该结合格老秀斯写作时该主题的研究状况以及他写作的时代背景,来理解此理论。他在17世纪初那个殖民扩张时期研究国际法。他讨论财产的哲学基础的用意是,为理解国家对其领土的统治资格做准备。国家的领土部分来自于过去时代的传承。对领土的统治资格是罗马帝国的入侵者之间粗略协调的结果。它们可以被理想化为协议分配以及从协议参加人那里继承或取得的结果。国家领土的另一种资格来源是,基于在新世界中发现和先占的新"自然"资格。这样一来,一种罗马化的、理想化的资格理论(17世纪的欧洲国家依据它统治其领土),成为一种财产的普遍性理论。

普芬道夫将他的整个理论建立在原初公约上。他主张,人类社会一开始是一种"消极共同体",即所有东西一开始都是公用物,无人拥有它们,它们被所有人使用。这种状况被称为"消极共同体",是为了和通过共有的积极所有相区分。他宣称,人们通过彼此约定消除了消极共同体,如此确立了私人所有。要么凭借此公约,要么凭借其中必然的隐含意义,之前没有被先占的东西可以通过发现和先占被取得。来自于消除消极共同体的衍生的资格取得,被认为是其中又一个必然的隐含意义。

在盎格-鲁美国法中,基于无主物先占的自然原则证立财产,经布莱克斯通之手而流行。一方是洛克,另一方是格老秀斯和普芬道夫,布莱克斯通的立场介于二者之间,他不愿意承认假定一份原初公约的必要性。很明显他认为,通过一种与占有相伴的、暂时的控制能力而取得财产的原则,表达了原始时期人的本质;其后,随着人类社会逐渐文明化,完全地永久控制已经被排他性先占的东西的原则(包含了作为此种控制的必要附件的处分权),表达了文明社会中人的本质。梅因指出,区分财产的自然权利的早期和后期阶段,源自于这样一种愿望,即想要使此理论与《圣经》对族长以及他们与其族群放牧的土地的关系的解释相一致。不论哪一种情形,终极基础都被认为是作为理性生物的人的本质,这被表达在通过先占控制物的自然原则中,或一种提供此种所有权的原初契约中。

随着近些年自然法的复兴,基于人性证立财产的新阶段出现了。这首先被经济学家提出,他们从人的经济本质演绎财产权,将其作为社会中个体的经济生活的必需品。通常它一方面关联着心理学理论,另一方面关联着社会功效主义理论。在法哲学的研究者手中,它经常沾染着形而上学色彩。从另一个立场来看,某种实质上算是自然法理论的观点已经被社会主义者提出了。它要么从一种创造的"自然的"原则中,演绎出劳动者对其全部劳动产品的自然权利;要么运用个体人类的自然品性观念,用其否认所有作为一种"自然的"制度的私人财产,并从中推演出一个一般性的公用物或公共物体制。

财产的形而上学理论是一个一般性运动的组成部分,该运动用形而上学理论替代了17、18世纪基于抽象人的本质或假想契约的自然权利理论。它们开始于康德。他首先证立了财产法的抽象

第五章 财产

理念——一种"外在的你的我的"的体系的理念。此处，以及在别的地方，他以个体人格的不可侵犯性为理论起点。一个东西正当地成为我的，他说，当我与其这样关联在一起，即任何人未经我的许可使用它就对我造成损害。但是为了证立财产法，我们必须超出占有的情形，此情形中占有者与占有物存在着一种实际的物理关联，干预此关系是对人格的侵犯。一样东西能够仅仅成为我的东西，是一种区分"你的我的"的法律体系使然，依此种法律体系，当某物不在我的实际控制之下的时候，别人使用它是对我犯错。这首先引发了这样一种问题："仅仅法律或合理的（不同于纯粹物理的）占有如何可能?"他运用18世纪先占理论的形而上学版本回答了此问题。他承认，物的原始共同体理念是一种虚构，而一种逻辑上原初的土地以及地上物的共同体，他说，有着客观的现实性与实践的法律的现实性。否则仅仅意志的运用对象（经由法律的运作而被从意志中排除），将要被提升为具有自由意志主体的尊严，尽管它们没有做出被尊重的主观主张。这样，第一个占有者以一种共同的、固有的占有权利为根据，干预他因此是错的。依照原初的共同占有主张之原则，第一次占有的背后有一种"正当的资格"。它带来的结果是，此占有者实现了一种控制，此控制"经由理解而实现且独立于空间关联"，尽管在物理上远离某一块土地，他或者衍生自他的人却可以占有它。这样一种占有只有在文明社会中才有可能。在文明社会中，通过言语和行为将某外在物宣示为我的，并使其成为我的意志的运用对象，这是"一种法律行为"。它宣示，他人负有不得使用它的义务。它也承认，我反过来对所有他者负有义务，尊重他们已经使其成为"外在的他们的"的对象。这是因为我们遵守正义的基本原则,它要求每一个人依照普遍的规则规制其行为,该种规则会对他人的意志产生相似的效果。在文明社会中,这一点被法律秩序所保证,为我们提供了"外在的我的和你的"的领域。如此得出了一种作为法律制度的"我的和你的"的理论,之后康德转向一种取得理论,将原初、第一性取得与衍生取得相区分。离开了法律行为,没有什么东西原初地就是我的。原初取得的法律行为有三个要素:(1)"抓住"不属于任何人的某物;(2)一种自由意志的实施行为,它禁止所有他者将某物作为他们的而使用;(3)作为永久取得的据为己有,从依照普遍法则协调意志的原则中,获得一种造法的力量,由此所有他者有义务依照占据者的意志行为尊重被占据的物品。康德接着提出了通过让与(让渡)、移交或契约而衍生取得的理论,这是在依据普遍规则赋予个体意志以法律效果,它与赋予他人的意志行为类似的效果并非不相容。罗马的先占理论的此种形而上学版本,很明显是18世纪与萨维尼的格言"所有财产立基于规约促成的无权占有(adverse possesion)"之间的纽带。

通过检视康德的理论我们可以发现,它同时包含着先占的理念与契约的理念。先占成为一种包含着单边公约(出于尊重他者对他物的先占不得干预他人)的法律行为。但是此种公约并不是从此种允诺的内在道德力量或人作为一种道德生物的本质(它使其做出允诺)中获得其效力。它的有效性并不是立基于允诺的品性或人的品性,而是基于一种依靠普遍法则协调意志的原则,那个原则要求,宣示与对象 A 有关的意志的人,要尊重其邻人宣示其与对象 B 有关的意志。另一方面,在康德的理论中,很明显缺少创造的理念。康德关于财产权的作品写于18世纪末,有鉴于卢梭的理论(卢梭认为,第一个指着一块地宣称"这是我的"的人,本该被处死),以及大革命时期法国干预既得权利之历史,康德关心的不是那些或许没有对他们生产的东西主张更大的份额的人,而是那些已经主张保有他们拥有的东西的人。

黑格尔通过清除先占理念,以及把财产视为自由理念的现实化,进一步发展了形而上学理论。财产,他说,"使得体现我人格的个人意志成为客观的"。为了实现包含在自由理念中的完全自由,人们必须给予他的自由一个外在的领域。因此,一个人有权利依照一个外在的对象来导控他的意志,一个这样的对象就成为他的。它自身不是目的,它从他的意志中获得其全部的合理价值。这样,当某人将某物据为己有时,从根本上讲,他通过展示没有意志的外在对象不是自足的、其自身不是目的,表明了他意志的主宰力。随之而来的是,在分配土地以及其他财富形式时的平等要求是肤浅的。因为,他主张,财富上的差异源于外在自然之偶然(它赋予A打上意志印记的东西比B打上意志印记的东西更大的价值),以及个体心灵与性格的无限多样性(这导致A将其意志系于这个东西,而B将意志系于那个东西)。人只是在人格上是平等的,在占有原则面前,他们的地位相似。为了实现自由,每个人都要有某种财产。除此以外,"对于有着不同禀赋的人来讲,不平等是必然结果,平等将是错的。"

19世纪财产的形而上学理论贯彻了这些理念,或者说发展了此种方法。并且需要注意,它们都面临着来自于不可流转物理论的攻击。如此,黑格尔的理论变成这样:人格包含了与物有关的意志运用。当某人对某物运用了他的意志,并因此获得了对它的控制力,他人的意志就被从此物中排出,并被引向别的人格还没有这样去认同的物。只要存在可供先占的空地、静待开拓者的未开发地域、留待勘探者的未利用的自然资源(一句话,只要有足够的可获得的物理对象〔如果我们可以这样理解的话〕供人探寻),这种理论与19世纪的正义理论是一致的。但是,就像19世纪末那样,世界开始变得拥挤,其自然资源已被占据或利用,以至于物质自然界出现了缺陷,由此某些人的此种意志之行使没有为他者留下行使意志的对象,或者说资源不充足,它阻止了任何意志的实质性实施,这时,很难看出,黑格尔的论证是如何与不可流转物背后的论证相协调的。米勒,一个苏格兰籍的黑格尔主义者,试图解决此困难。他说,在人的自然存在与发展所需范围之外,财产"仅能作为一种国家信托而被拥有"。然而现代与古代一样,在经济上周期性的再分配都是行不通的。如果任何人拥有的东西超出了理性的界限,"立法者将毫不犹豫地为了社会而干预,以免因为维护一种抽象的权利而犯下错误。"鉴于我们的《权利法案》,一个美国的黑格尔主义者不能如此容易地召唤议会立法这个"天神"。或许他会转而求助于累进税率和遗产税。但是,米勒在面对这个理论困境的时候,不能求助于某些类似于社会功效主义的东西吗?

洛里默把形而上学理论与基于人性的理论结合起来。作为理论起点,他从一个基本命题("生存的权利暗含着对生存条件的权利")中演绎出了整个财产权体系。依此他说,财产的理念"不仅与人的生命而且与一般意义的有机存在"相连,无法分割。"生命依照它包含的力量的强度授予了它存在的权利"。然而当它被用来解释现有的所有权体系的全部细节时,就必须诉诸于一种虚拟的推理,这类似于17、18世纪的法学家用过的那种。所有权这个抽象的理念不是法哲学家唯一考虑的事情。进而,此种应用凭借的推理或许没法与这样一种论证相协调,依据它,不可流转物的理论也被视为自然法的一部分。

尽管在用意上完全不同,财产基础的实证理论与形而上学在实质上是相同的。斯宾塞的理论推演自一个基本的"平等自由的法则",该法则通过观察原始社会的事实而被证实。但是此"平等自由的法则"被认为是通过观察而被断定的,这是与物理、化学法则相同的认定方式,事实上,正如已经指出的,它就是康德的正义准则。通过观察原初文明的事实确证从此法则出发的演绎,实质上并非不同于确证历史法学家运用的从形而上学基本法则出发的演绎。形而上学法学家形而上地得出一条原则,从中推演出财产。历史法学家通过把这同一个原则展示为在法律史中实现自身的理念,确证了此种演绎。在实证主义者手中,同一个原则被通过观察而得出,依据它进行了同一种演绎,通过发现潜藏在原始社会中、随着文明的进步而展开的制度,此演绎得到确证。最值得注意的差异是,形而上学法学家和历史法学家主要依赖无主物的原始先占原则,而实证主义者倾向于强调通过劳动新事物的创造。在任何一种情形中(暂且搁置确证问题),斯宾塞的演绎与形而上学的演绎面临着同样的困难。进而,与形而上学演绎相似,它说明了私有财产的抽象理念,而不是实际存在的财产体制。不平等被认为是由于,那些比别人有更多收获的人"更有力、更灵巧或更勤勉"。因此,鉴于法律的目的是提供最大可能的个体自由的自主,任何干预人们持有"更有力、更灵巧或更勤勉"的成果,以及他在创造性与取得性自主上付出的更大努力,都违背了法律秩序的目的。也要注意,这种理论与所有之前的理论一样,认为在财产这个观念中蕴含着完全的处分权。但这不要求被推证吗?处分权蕴含在他们要推证的理念中,还是说,它仅仅是他们试图去通过推证而解释的制度的偶然现象?

历史法学家基于两个命题坚持他们的理论:(1)私有财产的概念,就像个体人格的概念,自法律开端就在缓慢而稳定地发展。(2)个人所有权来自于群体权利,正如人格的个人利益逐渐从群体利益中分离出来。让我们仔细看看这两个命题。

如果我们分析性地检视财产法,我们或许看到,在人们拥有的用来影响他人关于物质对象的行为的力量或能力中,有三个层级或者说阶段。其一是仅仅事实状态意义上的力量,即对物的仅仅物理拥有或控制,没有任何别的要素。罗马法学家将其称为自然占有,我们称之为看护,分析法学家们将其视为占有的一个要素。但此种自然占有是某种可以独立于法律或国家而存在的东西,正如美国矿产法所说的事实占有,此处,在法律或国家权威被拓展到矿区公共地域之前,矿主承认那些已经实际挖掘的人不被干预其挖掘的主张。某人对一个对象仅仅实际的掌控赋予其一种利益。但它或许只是一种依赖于人们自己的力量或其伙伴对其人格的承认与尊重的利益。除非法律保障人格,否则它还不是一种法律利益。被保障的是,某人在自然占有中的物理人身,而非他与被持有物的关系。从分析的角度看,下一个层级或阶段被罗马法学家称之为法律占有,它不同于自然占有。这是看护这个法律外理念在

第五章　财产

法律中的转换结果。此时，看护或复制看护条件的能力伴随着有意地为了自身目的而持有的精神要素，法律秩序赋予如此持有的人一种能力，一种被法律保障和维持去如此持有的能力，以及一种主张，在他被剥夺了对物直接的物理控制时，一种使物重新被他如此控制的主张。正如罗马法学家所言，在自然占有的情形中，法律保障了物理人身与被占物的关系，在法律占有的情形中，法律保障的是意志与对象的关系。在财产所有关系的最高层级，即所有权，法律更进一步，保障人们排他地、终极地享用和控制对象，远超过他占有或看护性持有的能力，即，超出了他们凭借物理力量能够持有的东西的范围，其至超出了凭借国家的帮助能够实际持有的东西的范围。自然占有是一种纯粹事实的概念，完全不依赖法律。法律上重要的事情是自然占有者的人格利益。占有或法律占有是一种事实与法律概念，作为一种纯粹事实关系而存在，有着独立于法律的起源，被法律在不干预人格的条件下保护和维持。所有权是一种纯粹的法律概念，源于法律、依赖于法律。

　　一般来讲，在历史上财产法沿着以上分析性叙述的线索而发展。在最原始的社会控制中，只有自然占有被承认，对它的干预没有与对人身的干预相区分，也没有与这样一种损害相区分，即与物理对象的物理关系被干扰的人，在荣誉上受到的损害。在早期的法律性社会控制中，最重要的事情是占有。这是一种法律占有，一个既是事实的也是法律的概念。在法律发展的早期阶段，诸如普通法上被占有者进行的侵权性转移的制度，为数甚多。它们显示了，最初法律保护占有者与物的关系。确实，支配这个理念，或者按照我们现在的理解，所有权这个理念，第一次完整地出现于罗马法,别的法律体系从罗马法文献中移用了此理念,用来与占有相区分。

承认个体的物质利益,或换句话说,个体的财产,从承认群体利益发展而来,正如承认个体人格利益逐渐演化自起初对群体利益的承认。所有财产最初被共同拥有,这个通常存在于书本的陈述,它的意思不外乎是:当物质利益第一次被保障的时候,它们是亲属群体的利益,因为在部落社会中亲属群体是法律基本单位。社会控制机制保障这些群体对它们的占有物的先占资格。在这种意义上,第一种财产是群体财产而非个体财产。然而必须要注意,不论在何处我们发现了对群体利益的保障,先占的群体就会被保障,以对抗其他群体对此先占的干预。有两个理念逐渐分解了群体利益,促成了对个体利益的承认。其一是分家这个理念,其二是在印度法中被称为自得财产的理念。

在缓慢形成的原始或家庭式的古代社会中,有分割这种现象,它包括了分割财产与分割家庭。确实,在印度法中,分割被认为是先分割家庭然后附带地分割财产。在罗马法中,旧有的分割之诉也被称为分割家庭之诉。如此看来,一开始分割是为了将过大的家庭分成小家庭。然而现在,它开始变成个体之间的家庭分割。如此一来,在罗马法中,当家长死后,他控制的每一个儿子在他死时都成为一个家父,并能够开启分割遗产程序,哪怕在他成为家长的家庭中,他或许是唯一的成员。以这种方式,成为常态的是个人所有权而不是家庭所有权。在印度法中,家庭所有权仍被视为常态。但随着社会变迁以及工商业的兴起,使得个人所有权成为通常类型的变化(在事实上如果不是在法律上的话)迅速发生了。

自得财产,第二种分解力量,可以在印度法以及罗马法中被看到。在印度法中,所有财产通常以及初显地(*prima facie*)都是家庭财产。负担被加在任何主张成为任何物的个体所有者的人身上。但是有一种非家庭的财产是被承认的,它被称为自得财产。此种财产可以因"勇敢"而获得,即通过离开家庭去参军,以战利品的方式赚得或获得财产,或者因"学习"而获得,即通过退出家庭致力于研究,因他人的供奉或运用知识而获得财产。后来又承认了自得财产的第三种形式,即通过使用自得财产而获得的财产。同样地,在罗马法中,家庭中的儿子即使已成年,通常没有财产。在法律上,所有被任一家庭成员获得的财产都是作为家庭的法律象征与代表的家主的财产。后来家主不再被认为是家庭的象征,财产在法律上被认为是他的个人财产。但是罗马法承认家庭中的儿子可以私自持有特定类型的财产。第一种是儿子通过参军而赚得或获得的财产。后来又增加了为国家服务而赚得的财产。最终,除了通过使用家庭财产而获得的财产,别的财产都可以被儿子个人性地持有,这被法律所认可,尽管他在法律上仍处于家长的控制之下。

以上述两种方式,通过分割以及自得财产的理念,财产上的个人利益在整个法律领域都被承认了。除了民法法系国家的夫妻之间的共同体财产制度,或者称之为婚姻财产制,旧有的承认群体利益的制度在实践中没有留下什么痕迹。即使家庭群体所有制的此种残留也正在消解。在发达法律体系中,所有法律承认的物质利益通常都是个人利益。对于19世纪的历史法学家而言,此种伴随着源于占有的所有权发展之事实,使我们知道了此种正在人类正

230 义实施经验中实现的理念,并肯定了形而上学法学家的立场。个人私有财产是自由的必然结果,因此离开了它无法想象法律。即使我们不接受此种论证的形而上学内容,即使我们放弃它包含的对法律史的"观念论—政治"解释,在上个世纪的历史法学家的理论中,仍有吸引我们的东西。然而,当我们观察法律中的某种运动时,会有一些东西使我们"暂停"。一方面,"可流通性"理念的兴起与壮大,"占有即权利"准则在欧陆法律中的发展,鉴于交易安全上的社会利益的紧迫性需要,以别的方式削减所有者利益被承认的领域,这些暗示着,财产的历史学派依赖的第一个命题中所体现的趋势,已现颓态。在基于诚信的商业交易之安全性要求面前,人们不可以转让其不享有的权利,这个罗马法原理,在不断退让。在成

231 熟状态的罗马法中,限制通过"无权占有"而取得,以及使得诸多情形中的所有权人在经过一段时间后重新主张的规则,被一种阻断所有主张的诉讼的决定性限制条款所替代。那些承袭罗马法的国家的现代法律,已经规定了此种决定性限制条款。与此相似,在我们的法律中,对规定限制条款的法律的敌意(在18世纪的判决中是如此醒目),已经让位于一种支持它的政策。进一步,近来处分权的限制条款的迅速兴起,为了保障自然资源保护之社会利益而施加限制,以及英国准备废除地主的(可能被滥用的)处分权,会被19世纪的历史法学家解释为仅仅是退步的标志。随着群体在数量与影响力上的增加,在今日之高度组织化的社会中,有一种在实践中,以及以隐晦的方式,在那些并非法律主体的群体中,承认群体财产的趋势。有鉴于此,很明显,历史法学家所看到的经验片段

232 太短了,还不足以证立一种断然的结论,即使我们承认他们运用的

第五章 财产

方法的有效性。

还有几个20世纪的理论需要我们看一下。这些理论在精致性与体系性细节上还没有达到过去那些理论的程度,所以只能勾勒它们的总体样貌。

控制自然对象的本能主张,是一种法律必须要考虑的个人利益。此本能是私有财产的心理学理论的基础。但是迄今为止,这些理论不过是被标示出来。它们可以与历史理论很好地结合在一起,用一种心理学基础替代19世纪形而上学基础。一个社会心理学的法律史在此种联合中会更有成绩。

在社会学理论内部,有些是实证主义,有些是心理学理论,还有些是社会功效主义。第一种理论的卓越代表是狄骥基于经由利益相似与劳动分工的社会连带进行的演绎。他不过是勾勒了这个理论,但是他的研究包含了许多有价值的线索。他足够清楚地展示了,财产法正在社会化。但是,正如他指出的,此过程并不意味着财产的集体化。它意味着,我们不再从私人权利的角度来理解财产,而是正在从社会功能的角度来理解财产。如果有人对此表示怀疑,他应该反思一下近来的租赁立法,它实际上把房屋出租理解为一种影响公共利益的事务,合理的租金价格必须依据社会功效而定。它还意味着,法律规定将财富分派给集体使用的情形在数量上正在不断增加。由此他主张,财产法回应了将特定财富明确分派给个体或集体使用的经济需求,以及社会保证和保护此种分派的后续需求。因此,他说,社会鼓励和尊重财富的此种使用(它满足了那种经济需求)行为,限制相反倾向的行为。如此说来,财产就是建立在这样一种经济需求之上的社会制度,此种需求存在于一个通过劳动分工而组织起来的社会之中。我们能看到,该理论得出的此种结果及其对法律的态度,与基于社会功效主义立场所能得出的是一样的。

心理学社会学理论主要存在于意大利,它们在取得之本能中寻找财产的基础,认为财产是立基于此的社会成就或社会制度。

社会功效主义理论把财产解释和证立为这样一种制度,它保障了利益的最大化,或者说最大化地满足了需求,当从它的结果着眼时,该理论把它视为一项妥当与明智的社会设计。这是伊利教授在其著名的《财产与契约》一书中使用的方法。虽然还没人这么做过,但是我猜测,人们可以将此种思想模式与新黑格尔主义的文明化解释相结合,并主张,个人财产体系从整体上看有益于文明的维持与改进,有益于人类能力发展到极致,而不是着眼于它在人类经验中的展开,将其视为文明理念的现实化。或许在不久的将来,财产理论会沿着这类线索展开。因为我们还没有依照别的基础导控文明社会的经验,基于别的基础所导致的内耗与冲突必定会使我们停下来。进一步说,无论我们做什么,我们必须考虑取得之本能以及基于它的个人主张。我们可以相信,在我们所知的这个世界里,财产法是一项明智的社会设计;可以相信,我们满足了更多的人类需求、保障了更多的利益,付出的代价却比任何我们可能设计的制度更小。我们在相信这些的同时,却不必认为,私有财产是永恒的、是绝对之必然,从而无法期待人类社会在某些我们未能预见的文明形态中,成就某些不同的东西和更好的东西。

第六章　契约

在商业时代,财富主要由允诺所构成。每个人的物质存在的一个重要组成部分,由别人答应提供或交付给他的好处所构成,由要求拥有此种被允诺的好处所构成,他的此种要求可以不是一般性地对世的,而是针对特定个人的。由此,个人提出了确保他人向其履行有益允诺的主张,提出了满足允诺和协议给予他的期待的主张。如果此种主张没有被保障,冲突与内耗将不可避免,除非某种补偿性利益在此过程中被提供给他,否则,在被允诺的好处上的个人利益应被完全保障,使其获得他人已经通过慎重允诺许给他的东西。换另一种方式说,在先前的一次讲座里,我说过,作为一种文明社会的法律预设,在此种社会中,人们必须能够相信,他们在通常社会生活中打交道的对象会讲究诚信,并且,作为一个推论,人们必须能够相信,他们如此打交道的对象,会依照共同体的道德感系于其承诺上的期待,履行他们的承诺。因此,在一个工商社会中,社会所主张、需求或要求的,遵守允诺、诚信履行承诺以及在(作为一种社会经济制度的)允诺的稳定性上的社会利益,就成为最重要的事情。交易安全上的社会利益(正如我们可以称呼的)要求,我们要确保受诺人的个人利益,即需要依照先前给予他的期待来保障他的主张或要求,这已经成为他财产的一部分。

238 在民法法系国家,受诺人的利益,以及交易安全上的社会利益,已经被很好地保障了。传统的"法律原因"之要求,即一种执行某合约的、文明的、法律的理由,让位于18世纪的自然法理念。波蒂埃放弃了罗马法的契约范畴,嫌它"太复杂"。然后我们迎来了19世纪法律交易的意志理论。法国法使无偿惠及他人的意图成为一个"原因"。奥地利的1811年民法典假定了一种"原因",它要求允诺者去证明不存在此原因。这意味着,他必须证明此允诺不是一种法律交易,即不存在进入一种拘束性承诺的意图。结果是,与那些符合要式的罗马法范畴的允诺,以及那些具备实质性前提的允诺一样,抽象允诺(按照民法法系的称呼)开始被执行。除了特定的举证要求以外,现代的欧陆法律与我们的欺诈法一样依赖于同样的政策,它只会问:允诺者想要创设一种拘束性义务吗?

239 在民法法系国家,执行机制也是现代的和适当的。在罗马法中,最古老的执行方法是抓人,强迫他履行,或者让允诺者成为奴隶,直到他的亲属履行判决为止。后来在所有案件中都出现了一种金钱惩罚(或者按照我们的说法,金钱判决),它在古典时期的法律中通过全部执行而实施(或者用我们的说法,通过强制破产而实施)。但是伴随着这些救济措施,强制性救助在仲裁之诉中形成了,这是一种在法院获得衡平权力之前,在宾夕法尼亚州反复出现的,用来替代严重的金钱罚的强制履行的复杂机制,并且当联邦法院试图将衡平救助应用于在外国管辖范围出现的侵权案件时,它实质上在我们的联邦法院中重演。民法中出现了附带有实际执行的执行之诉(也可以说是教会法形成了它,民法将其接受),或者说
240 要求履行之诉,这是由法院或其官员来要求被告履行那些按照判

第六章　契约

决他该做的事情。一般来讲,在今天的民法法系国家,我们称之为强制履行的东西是规则,违约的金钱补偿是例外的救济。只有当基于某些理由,强制性救助不可行或不公道时(例如,在人身服务契约的情形),金钱救济才会被使用。

在普通法国家,我们对契约利益的保护没这么全面,也没这么有效率。一方面,我们并不把所有用来拘束允诺者的有意允诺都视为可被法律执行的。许多关于对价的技术规则、基于历史而形成的规则,导致了这种状况。许多法律领域已经废除了契约的私人封印,没有关于要式的无偿或抽象允诺的条款。还有,我们通常不提供强制性救助,仅当金钱救济被认为不适当时,才会作为例外而提供。因此,在绝大多数案件中,受诺人不能要求被告提供特定履行。

在一种法律体系中,有着全面的、有成效的允诺的执行方式,而另一种法律体系的执行方式既狭窄又缺少成效,如果我们考察一下这种现象的成因,我们在这两种情形中都会发现一种历史背景与哲学论证的混合物,这两个要素彼此影响,没有一个能完全控制这个领域。哲学理论被用来解释既存规则,是创设新规则、评判旧规则的基础。但有时它们也是强化它们试图解释的规则、巩固最好被清除的法律原则的手段。没有什么地方会比我们的契约责任法,更明显地体现了哲学理论与法律规则的互动关系了。

法律一开始并不在意协议以及违背协议的现象。它的功能是通过规制或阻止私人争斗来维护和平,而这仅要求它去处理人身暴力以及关于财产占有的争议。我提醒你们要留意公元前5世纪西波丹姆斯的命题,即诉讼不过只有三种类型:侮辱、损害与杀人。

如果违反协议带来的争执引发了攻击行为或破坏了和平，可以对此行为进行审判。但此时，他们在意的不是违反协议，而是攻击行为。关于财产占有的争议，是和平被扰乱的主要渊源，法庭会通过诉讼来恢复占有。达成协议为某过错和解，或许是最早的恢复占有的类型。但是，法律关注的是和解之需求，而不是协议。尽管在损害案件中，我们的法律基于非法侵入得出了损害赔偿之诉，在处理损害的法庭的权力中，却找不到契约法的根据。另一方面，恢复财产可以被用于实现此目的。因此，第一个法律上的（不同于宗教上的）契约是通过类比于实践交易而产生的。然而在此之前，另一种可能性已经在宗教保障的允诺中出现了。

宗教、组织化亲属的内部纪律以及国家的法律，是古代社会中社会控制的三个协调性力量。在很长时间内，法律都不是其中最主要的，也不是涵盖领域最广的。如果神被召唤来见证，或者诚信附有一种宗教认可，遵守允诺的义务就是一种宗教事务。如若不然，离开了祭司的认定，仅仅合约或协议不过是一个自助事务。印度法充分展示了守信的宗教义务理念。在印度法律体系中，当事人与债务的关系不是法律上的，而是宗教上的，现在受英国法的影响，此关系的法律意义出现了，据说是因为其中存在一种宗教上的债，才有法律上的债。一个人在法律上受拘束，是因为他在宗教上受拘束，前者在程度上以后者为限，二者的关系不能颠倒，前者在程度上也不能超过后者。对印度的法律从业者来讲，一项债务不仅仅是一种债。它是一宗罪，其惩罚后果会跟着债务人进入另一个世界。里哈斯巴蒂说："已经接受了一定数量的借款之类东西的人，如果没有将其归还给物主，将会投胎到债权人家里当奴隶、仆

第六章 契约

人、女人或四足兽。"那拉达说,当一个没有偿还债务的人死去时,"他的供奉或他的永恒火的全部功德会归于他的债权人。"简言之,债务人被看作这样一个人,他错误地从债权人那里拿走其财产,由此在某种意义上是个贼。其中如果说有什么法律理念的话,那也不是债的理念,而是债权人的财产权的理念。人们可能会认为,源于财产的非法占有的宗教之债,是在这样一种政治组织中理解它的法律途径,此政治组织的社会控制主要是宗教性的,宗教信条转变成了法律信条。不管怎么说,印度贯彻着宗教之债的理念,以至于在许多情形中,后代有义务偿还先人的债务,无论他是否接受了先人的任何财产。儿子替父亲还债的责任,被认为来自于一种道德和宗教义务,该义务要求他拯救父亲,使其在来世免受不还债带来的惩罚。依此,如果此债务是不会招致惩罚的类型,那就没有宗教义务,也没有加在后代身上的债。

早期阶段的罗马法与它很像,协议自身并不被法庭所认可,对于一个做出允诺后违背它的人,不存在将其传唤至治安官面前的根据。协议是一个宗教事务,或者亲属和行会的纪律事务。如果某人召唤神来见证他的允诺,或宣誓履行允诺,他就要受宗教纪律的约束。一个不虔敬的违背宣誓者的存在,是一种社会危险,他可被献祭给阴神。随着法律替代宗教成为社会控制的规整力量,旧有的由宗教认可的允诺成为一种要式的法律契约。如此在严格法阶段,我们有了历史上起源于宗教义务的要式契约,以及历史上起源于法律义务的要式契约,后者由一种保证或移转的实践交易所创造,允诺者或许会召唤人民来见证,如果他们的见证没有用,允诺者就冒犯了国家。

在希腊哲学家的影响下,罗马法学家开始思考债的基础,这时,有两种类型的允诺:(一)要式允诺。其途径有三:(1)通过口头约定(用圣礼的说法,许愿)以及泼洒奠酒,神会关注此允诺。(2)通过明显象征着在全体人民面前的实践交易的公共仪式。(3)记录在家计簿上。(二)不被法律承认的非要式允诺。既然法律禁止了受诺人曾经可以采取的自助行动,非要式允诺就完全依赖于允诺者的诚信。依此,罗马法学家区分了法律之债与自然之债——被法律承认和保障的债与基本上仅有道德效力的债。一个无约因合约,或者单纯的协议、允诺,因为不属于任何法律正义认可的法律交易的范畴,不具有法律效力,仅仅创造了一种自然之债。遵守这样的合约,是正确和正当的,但是只有因其形式或性质被法律承认的契约和承诺,才是可执行的。

随着交易安全上的社会利益的压力增加,通过经济发展与商业扩张,自然法哲学慢慢地影响了法律承认与执行的要式承诺的此种简单架构,以及仅有道德效力的非要式承诺,并促成了罗马法成熟期可执行的承诺的复杂体系,对此,你们很熟悉。该运动有四个特点值得注意,首先,它产生了一种关于要式契约的法学理论,从那时起一直影响着我们的观念。在严格法阶段,债的渊源在于形式自身。因为在原始的思想中,形式有着内在的效力。正如已经指出的,信奉法律形式与信奉咒语有着同样的思路,法律形式是一种符号,从心理学的角度讲,与魔法符号通常没什么区别。衡平与自然法阶段依赖理性而非形式,被哲学而非天真的信仰所支配,它基于先前的通过要式仪式设定的合约,确定债的实质。这样,一个要式的契约就是一种附带有法律形式的合约。此合约是法律交易的实质。该形式是一种法律原因或执行该合约的法律理由。但是,如果形式仅仅是执行以别的途径获得其自然效果的某种东西的一种法律理由,这意味着,除了形式以外,或许还有别的执行它的法律理由。由此,新的契约类型被加入旧有的要式契约之中,重要的是,后者是严格依照法律的交易,而前者被认为是诚信交易,它包含有一种鉴于先前行为做诚信要求的事情的责任。就它们包含的债而言,这些契约精确地回应了文明社会的那个预设,即我们打交道的对象会基于诚信而行为,并会依照共同体的期待履行其承诺。另一方面,旧有的要式契约仅仅部分回应了此预设,因为它们所包含的债仅仅是让一个人去做形式条款所要求的东西,不多也不少。《十二铜表法》说,如果某人订立了一个以身偿债的契约,他用嘴说出的东西就是法律。事实上,之后的阶段又有新的契约类型被加了进来,法律科学试图将它们体系化,使其逻辑上一致。实践契约、诺成契约与无名契约被加了进来。但很明显的是,这些契约类型中的多数,是那些以要式交易的形式已经存在很长时间的东西的法学理性化。带有隐含担保的售卖之合意契约,是通过带有价格与担保条款的让与而进行的转让的理性化。寄存的实践契约是管理信托的理性化。消费借贷之实践契约,是金钱债务的理性化。但是后者是如此彻底地被确立为一种要式交易,以至于金钱借贷的情形(在分析的意义上是一种实践契约),保留了严格法阶段的形态。进而,特定合约(附加合约、裁判官合约)变成可诉的,而这并不符合《法学阶梯》的分析框架。例如,一个执行这些合约的原因或理由,存在于这些合约附着其上的别的什么东西,或者存在于他们承诺要满足的先前的自然之债。此时仍有自然之债,它没有可作为起诉根据的法律效力。仅有承诺者的意志或受诺人的主张，不足以构成执行的理由。然而在理性上讲，它们有道德约束力，法律与道德应该保持一致。因此，它们可以用作自我辩白或作为抵消的根据。与此同时，约定的形式与书面契约的形式，通过着眼实质来理解它们，被还原为它们最简单的形态，前者的实质是口头协议，后者的实质是书面协议。这个结果不符合分析的要求，尽管几个世纪以来的法律理论在它们身上尽了最大努力。

在中世纪，原始观念通过日耳曼法一度回潮。作为普遍安全的最低要求，和平与秩序成了紧迫的社会利益。这时商业活动很少，其文明没有体现我们的法律预设的结果。通过允诺性宣誓被宗教认可的承诺，人身或财产抵押之实践交易，交换之实践交易，它们三个形成了一个要式承诺的简单体系。从中引申出了债务原因理论，或欠负被允诺之履行的理由，它对后来的思想有深远影响。罗马法中的法律原因是执行合约的法律理由。在日耳曼理念的影响下，原因变成订立合约的理由，订立它的好理由提供了执行它的充分理由。看起来，教会似乎一度成功地获得了对允诺的管辖权。宣誓与誓言包含了宗教义务，完全可以被归属于精神领域。但是，约束着一个基督徒的良心的合约所产生的道德之债，也可以被热衷于为了信仰者的精神福利对他们的行为进行矫正者所审理。要不是16世纪后教会法失去其力量，以及保障交易安全的国家法迅速发展，契约法或许会沿着宗教的路线而不是哲学的路线而生长，或许会失去其优点。如事实所示，人们需要的不过是读一下《神学博士与学生对话录》中名为"教会法大全中的合约"这部分，以及诡辩家关于允诺的道德效力的作品，就能看到，现今以哲

第六章 契约

学之名所做的大部分事情,之前已经被宗教铺平了道路。

对于17、18世纪的法学家来讲,自然之债与法律之债的区分站不住脚,这是因为,所有的自然权利或自然之债,必定基于其成为"自然的"之理由而同时是法律上的。如果人们遵守一个合约是一种道德上的债,那么它必定被视为一个契约。不管在分析上多么体系化,契约的罗马范畴都不会基于此种立场来解释承诺。法学家想要的不是分析性的范畴,而是一种原则,基于它人们来决定是否遵守其允诺。这样一来,契约的哲学(作为允诺与协议的拘束力根据的原则)成为17世纪的哲学化法学的主要问题,正如人格利益成为18世纪的主要议题,以及物质利益(财产法的哲学)成为19世纪的主要议题。在17世纪关于契约的思想中,决定性要素是自然法理念,此理念推演自作为一种道德生物的人的本质,以及表达了此种人类本质、理想化的法律规则与法律制度。但是此理念被理解为基于既存的法律素材而运作,由此而来的结果是,如下两种观念相互影响对方:一方面是因允诺的道德约束力而执行它的观念(此观念在某种程度上被教会法以及诡辩家关于何种契约在何种情况下拘束良心的讨论所型塑);另一方面是无约因合约与债务原因的观念。罗马法被认为是理性的体现,如盖索所言,罗马用她的理性来统治,不再用她的威权来统治。由此,所有关于此主题的考量都开始于这样一个前提:不具有道德效力的协议,因其不道德而不具有法律效力。在出现允诺之交换的地方,就有执行(双边)它们的查士丁尼权威,并且很容易在与财产交换的类比中找到其理由。当某种东西被用来交换一个允诺时,这个东西是一种债的原因。但是假设不存在允诺的交换,那就没有任何东西用来交换此允诺。此时存在的,不过是一个被应允的允诺。在罗马法中,这必会采取口头约定的形式。在日耳曼法中,它会要求一个宣示,或者采取抵押或交换的实践交易之形式。在普通法中,它要求交付一份被封印的文件。很清楚,在这些形式中,没有内在的道德效力。为什么这些"抽象"允诺(而不是别的抽象允诺)应被执行?每一个这样的允诺都应被执行?还是说,如果没有交换来的某种东西,此类允诺都不能被执行?抑或出于执行的考虑,这些允诺应该被划分出来,如果是这样的话,又该怎么划分呢?

对此,17世纪形成了两种理论。一个可以被称为对等理论。此理论很明显是受到教会法和诡辩家著作影响的日耳曼法的债务原因的理性化。依照此理论,一个抽象的允诺(不存在提供给它的对等物),没有自然的约束力,因此没有法律约束力。在此理论被提出后,在后续的法学讨论中,形成了三个支持它的理由。第一个理由是,某人如果以做出了不对等允诺的他人作为托管人,这么做太轻率。在此情形中,他不能要求保障他的此种无根基的期待。这非常符合严格法的精神,它否认任何法律不保障的利益。它认为,如果法律不保障某利益,依赖允诺的人就是个傻瓜,他没有利益。以类似的方式,严格法认为,如果某人通过欺诈、错误或强制做出了要式承诺,他就是个傻瓜或懦夫,不会得到帮助。但是,我们不该凭借法律来证明利益,我们必须依照利益来评判法律。第二个理由是,如果某人做出了不对等的允诺,他这么做更多地是出于"炫耀"而不是真实的意图,依此说法,对等显示了他的行为是经过计算和慎重的。只有慎重的允诺才有道德约束力,因为只有这样的允诺,才可以被审慎、正直的人在他与邻人的互动中所依赖。

如果此理由是妥当的,对等不过是一种证明允诺者慎重的模式,真正的要点应该是,允诺被慎重地做出,被当作某种允诺者期待被其约束的东西,而不是被对等以一种特殊方式证明了的慎重。第三个理由是,对于一个对等地交换允诺或依赖允诺的人,如果允诺被违反,其财产受到了损失。但如果这就是理由,法律应该简单地在不履行允诺的情形中要求赔偿。如果相关的利益是通过提供对等物从财产中推论出的,此种债应该是准契约之债,而非契约之债。

我们盎格鲁-美国的契约法深受对等理论的影响。在17世纪,依照普通法,有四种允诺是法律上可执行的:(1)以封印债券的形式对债务的要式承认,它经常以履行允诺为条件,是履行允诺的保障。(2)一份被封印的协定或承诺。(3)债务的实践契约。(4)基于对价的非封印允诺,即用来换取一个行为或另一个允诺的允诺。第一种允诺毫无疑问地承认对等性;在第二种允诺中,我们可以说,封印预设了或暗含了对等性;在第三种允诺中,债来自于他对某种之前交付给他的东西的占有;在第四种允诺中,行为或对应允诺是允诺的动机或对价,是做出此允诺的理由或原因,是允诺者选择担负承诺的对等物。在协定的情形中,在某种教义学拟制的帮助下,普通法能够很合理地适应此理论。依此,在英国法中,以此种方式理解对价,可追溯至培根。但是,这从来不是一个让人满意的解释。如果此理论是妥当的,它就不该在意,对等物的提交时间是在允诺之前、之后还是与其同时。确实,19世纪英国的衡平法,把基于信赖某赠与允诺的后续行动当作一个普通法对价,以其为基础,该允诺可被强制执行。衡平法从来没有完全地采用这种或那种理论。至少在18世纪中期以后,衡平法被认为应依循关于何为契约的法律。但是普通法直到19世纪都没确定下来,我们发现,大法官用对价所指涉的,经常不是对等物而是任何做出允诺的理由,如此用法使得它与民法法系的原因成了同义词。所谓的无价对价,血缘、爱与情感之对价,以及被债务人的道德之债维系的保障债权人的允诺情形,丈夫给妻子财产的情形,父母抚养儿童的情形,显示了原因这个理念在衡平法中的作用。很重要的是,《神学博士与学生对话录》在这些关系中经常被引用。朗戴尔试图基于对等理论,构建一个所谓的条件的体系,这些条件隐含在法律或被依赖的允诺中,这是最为彻底的、使对等理论扎根于法律的企图。作为一种精细法律分析的例子,它可以媲美于奥斯丁的理论。但是,它没能成功地型塑法律。

260 第二种理论认为,前述那种抽象允诺具有内在道德力量,它流行于欧陆。这是格老秀斯的理论。它一般被18世纪的欧陆作家所接受,并且正如我们看到的,它消解了相关的罗马法范畴,形成了这样一种规则,即意欲实现一种法律交易的此类允诺,创造法律之债。在18世纪末,曼斯菲尔德勋爵在我们的法律中确立了这样一条原则,即以商业交换为目的的允诺不是无约因合约,这非常近似于此种规则。但是他提出得太晚了,法律的生长季结束了,19世纪致力于将它已经接收的东西予以体系化和和谐化,而不是着手进一步的发展。

当执行允诺的自然法基础崩解时,形而上学法学家试图为其提供一个新的基础。康德认为,仅考虑允诺自身,不可能证明人们应该遵守他的允诺,他将契约作为包含在个体权利理念中的、财产的一种转移或分离形式,从财产中推演出契约。就与意志的抽象

第六章 契约

自由相一致而言,依照一条普遍法则,与分离财产一样,一个人可以将他的服务分离出去,履行某种东西的承诺就属于此种类型的分离。此种观点被普遍接受,这样看来,17世纪将权利立基于契约,18世纪使契约扎根于允诺的内在道德价值,19世纪(这时财产哲学是最重要的事)把契约基于财产。在这些理论中,有三个值得多留意一下。

费希特认为,当协议中的一方开始依照协议而行动时,履行协议的义务就产生了。从法学角度讲,这看起来是罗马法的无名契约的理性化。对于一个合约,如果其中的一方已经履行了,他可以主张准契约性的补偿,或主张契约性的对应履行。在哲学上,此理念看起来是对等理论的理念的一种表现形式,在益格鲁-美国讨论此主题(作为"损害—依赖"理论)时,我们很熟悉此形式。依照后者,除非受诺人已经提供了对等物或已经开始基于对协议的信赖而行动,他没有道德上的请求权来要求对方履行。这不是一种关于法律是什么或曾经是什么的理论。要式契约不要求这种类型的理论。在对等理论的影响下,英国衡平法确实在19世纪规定了:一个没有普通法对价的封印契约不可被执行。但这个命题在被宣布的时候,带有很多例外,这些例外有很多是已经存在的,还有很多正在出现。事实上,这些例外比规则自身更经常地被适用。费希特的理论不是对他那个时代或我们这个时代的道德理念的宣示。那时与现在,人们都承认遵守抽象允诺的道德义务。人的语词应与"他的债券同样适合"表达文明社会的道德感。但是哲学家看到了,法律没有进步到这种程度,并试图提供一个理性说明,来解释为何它有这个缺陷。应该注意的是,费希特实际上试图解释为何一个允诺可以被视为人的财产的一部分，以及为何人的要求履行之主张可以被视为他的财产。

黑格尔也用财产来解释契约，把允诺视为对自己财产的处置。因此在他看来，所谓的抽象允诺仅仅是人可以自由改变的意志的主观限制。此理论肯定了罗马法或更古老的欧陆欧洲法，它肇端于对自然法的反动，此种反动在同一时期的英格兰正在消解曼斯菲尔德勋爵的自由主义理论。

后来，形而上学法学家依赖人格这个理念。罗马派学者把法律交易理解为对一个人的权利领域的改变意愿，贯彻其意志的法律为该意愿提供了被意愿的效果。如果此交易被履行了，取消此交易意味着对另一方财产的侵犯。然而，如果它是有待履行的，为什么被声明的关于在未来发生改变的意图应被法律执行，尽管允诺者改变了其意志？一些人说，这样做是对的，对于一种联合意志，只有联合行动才能取消。当各方达成协议，他们的意志变成一个，法律赋予此种作为人格之证明的联合意志以效果。然而，很明显，此种说明肯定了意志理论，是一种法律交易的主观理论。如果我们从客观理论出发，它就不成立了。以这样一种要约的情形为例，一个理性的人会以特定方式来理解此要约，要约对象基于此理解将其接受，而要约者实际的意思却是别的东西。或者要约用电报传送时出现了错误，要约对象善意地按照其错误意思而接受。在这些情形中，并不存在意志共同体，然而法律很可能（像我们美国法那样）认为契约成立了。没有一种形而上学理论能够成功地阻止法律和法学理论朝着法律交易的客观理论的方向坚定前行。实际上，演绎方法在任何地方，都没有像在试图演绎出执行契约依据的原则时,失败得如此彻底。

后来在19世纪,人们更多地考虑契约自由,而不是允诺做出后的执行问题。对斯宾塞和机械实证主义者来讲(他们消极地把法律理解为一种人们做事情时的阻止体系,而不是理解为一种便于人们做事情的、意图阻止冲突与内耗的体系),重要的制度是交换自由与契约自由之权利,它推演自平等的自由的法律,此种自由是一种经济活动与运动的自由。正义要求,在交易、交换与允诺中,每个个体都有自由权去自由运用其自然的能力,除非他干预其伙伴的类似行动,或干预他们别的自然权利。是否所有这样的交易都该被为他执行,还是说只有一部分可以,如果是后一种情况,由此引发的问题,需要一种积极的而非消极的法律科学来回答。

历史法学家接受意志理论,是其在当代最主要的鼓吹者。他们看到,法律史的整个过程,是一个更广泛地承认以及更有效地执行允诺的过程。那些接受对法律史的伦理观念论解释的人,把自由视为一种在如下环境中实现自身的伦理理念,即由通过允诺和协议的自主与自决构成的更大的自由,以及如此被断定和决定的意志之更广泛的实现。他们中的大部分在欧陆搞研究,在那里,法律上可执行的允诺已经不再囿于过去的罗马范畴圈定的小院子。所以他们无须去将"不能执行以商业交易为目的的允诺"之口号予以理性化。那些接受此种政治解释的人把自由看作一种文明的或政治的理念,它在一种从身份到契约的运动中实现自身,在此运动中,人们的义务与责任越来越来自于意愿行动,而不是来自于法律承认的偶然性的社会地位。英国的历史法学家或许很好地提问到,英国关于对价的规则在多大程度上与这样一种理论的意涵合拍,以及作为更完整地展现于公众行动与司法判决的经验中的理念,它们是否不必被期待去让路。但是,该学派的领袖不是一个普通法律师,并且美国历史法学家把精力用在设计一种对价的历史分析理论,而不是用在"何种允诺应被执行以及为什么应被执行"这个更为宽广的问题上。

这里以及在别的地方,历史法学家与功效主义者对结果有共识,尽管他们在实现结果的模式上有很大分歧。前者在契约中看到了自由理念的现实化,后者在契约中看到了最大化地促进个体的自由自主的手段(自主被他们视为人类的幸福所在)。因此前者呼吁契约自由,并且本该呼吁广泛地、普遍地执行允诺。后者持有一种解除人类之束缚、允许其尽可能自由地行动的理论,作为补充,它要求拓展此领域并执行契约之债。这些思想模式与18世纪的思想模式的差异会显现出来,如果我们把布莱克斯通(1765)与一个世纪之后乔治·杰塞尔爵士的格言(1875)作比较。前者说,"没什么比确保每个个体的私权更能让公众感兴趣了"。在讨论何种协议违反公共政策并因此不可执行时,后者说:"如果说有什么东西是公共政策更为迫切要求的,那就是成年且有理解能力的人应该有最大程度的契约自由,并且此种契约应被法庭执行。"但是对于这个双重计划,功效主义者把重点放在了第一个、消极的部分,而不是第二个、积极的部分。历史法学家和实证主义者也是如此。英国的商人和企业家并不企求法律工具。如果法律不阻止他的话,他用法律提供的东西就能凑合工作。他想要的东西是免于法律的束缚,这些束缚来自于基于一个不同的基础组织起来、有着不同性质的社会,该社会另有所图。因此整个时期法学思想致力于此，而不是去研究对价理论，以及当一个慎重的允诺没有采取交易的形式时，不执行它的理由。

在今天流行的允诺执行的四种理论中，没有一个足以涵盖允诺在法律的实际运作过程中被承认和执行的所有情形。依照它们的流行顺序，我们可以称它们为：(1)意志理论；(2)置换理论(the bargain theory)；(3)对等理论；(4)"损害－依赖"理论。依照顺序，这些理论的意思是：为了使协议者意志产生效果，允诺被执行；按照允诺属于置换或置换合约的程度执行允诺；当允诺的对等物被提交时，允诺可被执行；当允诺已经被受诺人依赖，不执行会导致其损害时，允诺可被执行。第一个理论在民法法系流行。但它在碰到高歌猛进的法律交易的客观理论时，必须让路，并且已经在负隅顽抗。在我们的法律中，这是不可能的。我们并没有基于允诺者的意志赋予允诺以效果，尽管我们的衡平法庭显露了一些向那个方向运动的趋势。在19世纪，把我们的责任理论罗马化之企图，包含了一种契约的罗马化意志理论。但只要透过我们法律文献的表面看一看，没人会怀疑这个企图已经彻底失败了。不论从哪个方面看，我们都不再试图用一种潘德克顿式、罗马化的寄托法来解决问题，对于寄托法，我们开始讨论着眼于环境的、普通法的过失概念，而不是勤勉的意愿标准以及过失的相应程度这种罗马化的概念。至少在美国，客观契约论是正统，当代英国分析法学的领军人物已经热忱地阐述过它。衡平法庭(它继承了来自于这样一个时代的思想模式，那时大法官运用宣誓检测法探查被告的良心，并相信他能够得到超出陪审团认知范围的、契约的主观信息)是外来的主观理论在普通法中的最后据点。

或许置换理论在普通法思想中是最流行的一个。它是对等理论的发展。它不会覆盖要式契约,但是在它的影响下,要式契约已经在慢慢让路。"封印'意味着'一个对价"这个原则,已经被立法者在许多法律领域废除了,并且它经常不过是确立了一种初显的置换,需要证据来证明事实上不存在对价。在衡平法庭执行一个封印契约之前,他们需要一个普通法对价(至少就他们的一般规则表现出来的而言)。商法的要式契约可以通过展示不存在对价而被归于无效,除非在持有者手中有未被注意到的价值。然而,此时对价是在对等物的意义上被使用,限于承认一个"已过时的对价"的范围内,并且适于非封印契约的置换理论不具有完全的适用性。另一方面,今天的法庭在摆脱置换理论以及去执行并非置换,也不能被表述为置换的允诺的努力程度,是重要的。认购契约;被追认的无偿允诺;基于道德之债的允诺;当债务被限制因素、破产等取消时做出的新允诺;尽管存在着"衡平法不帮助自愿者"这条规则,衡平法把导致痛苦的赠与变为契约,以便于具体地执行赠与合约;信托的无偿宣示之执行;在无对价封印的情形中,选择权的具体执行;在担保债权、安顿妻子、抚养儿童情形中,通过重新订立的方法来强制履行;通过保证以及别的"弃权"方法,自愿放弃某辩解理由;在某些州,仅通过承认即可解除债务;通过重新订立的方法执行赠与以对抗赠与人的继承人;没有托管物的"委托";当事人关于诉讼组织与程序的约定和协商。所有这些构成了一份使人生畏的例外与异常情形的目录,对此,置换理论的拥趸们必须尽力应对。当人们允许在有第三方受益人的案件中执行允诺(它在世界各地都取得了进展),以及允许在对价由第三方提供时执行允诺(这在美国得到了强烈拥护,可能被用来满足通过信用证来做生意的紧迫需求),人们不过能看到,曼斯菲尔德勋爵的命题(以商业交换为目的的允诺不是无约因合约)比我们认为的更贴近现实。

然而,对等理论与"损害-依赖"理论甚至更不适合解释实际的法律。对等理论在一开始就要与这样一种原则相抗争,该原则认为,对价不相当并不重要,以至于"对等"经常不过是匹克威克式的。黑格尔基于罗马法的非常损失规则支持对等理论。但是当衡平法庭愿意认可贱卖时(例如,值2万美元的财产被卖作200美元),即使是教义学拟制也被扭曲了。进而,前述置换理论尽力应对的那份异常情形目录,对任何一种理论来讲,都包含了不止一个难题。在诉讼过程中的约定无须对等物,它们也不需要为了被执行而被遵守。仅凭认可的债务解除(如果完全妥当的话)不需要对等物也不需要被遵守。通过给予委托人以时间保证放弃解除辩解,无须对价和禁止反言要素。瑕疵担保、安顿以及养育不需要对等物,也不需要为了被重订而被遵守。封印契约中的选择权在衡平法中基于封印自身而被认可。一个无偿的被宣示的信托仅确立了衡平法上的债。实际上,我们法律的整体局势变得很像成熟期的罗马法(基于同样的原因)。我们有三个主要的范畴。第一种范畴是要式契约,包括了封印文件、认可和商法要式契约。其中后一种形式包括了,特定语词之使用、特定的金钱数额要求、在所有情形中的支付,以及时间上的确定性。第二种范畴是债务和寄托的实践契约。第三种是非封印契约,没有形式要求与对价。后者是正在形成的范畴,尽管商法要式契约已经显示了某些生长力量,以及商业领域已经在试图把使用诸如"被认证""不可取消"的要式语词的信用证加入其中。但是,可执行的非封印允诺之范畴,就像罗马法中的可诉合约一般,完全没法被体系化。基于交易安全的社会利益以及今日文明社会的法律预设,法院在不同时期出于尽力使人遵守承诺的目的,陆续添加的范畴,在方法上来自于不同的理论和不同的类比,仅在结果上有共识——在商业活动中,人的语词应与其债券同样有用,并且如果我们的经济秩序想要有效地发挥功能的话,他的伙伴必须能够同样地信赖二者。很明显,许多法院有意或无意地同情达尼丁勋爵的感觉,即人们可能不喜欢这样一种原则,它使得允诺者不在乎一项慎重做出的、自身公平的允诺,依照共同体中的正直人的理解,想要执行该允诺的人对它有一种正当的利益。很重要的是,尽管我们已经把对价理性化了四个世纪,我们的法律文本并没有为对价给出统一规定,关于何为对价以及什么不是对价,我们的法庭更是很少提供一个一致性的分析框架。在非封印契约的法律中,对价有一种含义(关于它是什么,我们并没有确凿的共识);在协商文件的法律中,有另一种含义;在用益权法中的权利让与情形,有另一种含义;在衡平法的诸多案例中,有另一种含义(没人知道它到底是什么)。

信用证惹人瞩目地例示了,在一种有着高度复杂经济组织的城市社会中,我们美国的契约普通法不适应现代商业的需求。这种法律文件在国外广为人知,在欧陆商法的一般理论中一致性地运作,它突然在一战期间在这个国家被大规模使用。在我们的书本中没有关于它的确切理论,司法判决采用了四到五种观点,对于使用它的商人来讲,这在重要的问题上导致了歧异之结果。很明显,商务领域试图通过使用某种独特的语词把它们变为商法要式

第六章 契约

契约,这些语词赋予此种文件以特征,并使得在商务领域的任何场合中验证它们的人都能清楚它们的性质。但是,在法律的稳定期内,我们的商务封印契约之范畴不允许改进,有着不确定性路线的对价理论妨碍了许多商业紧迫需要的事务,商人们发现他们做生意靠的是对彼此商誉的信赖,以及银行对他们的商业信用的提防,不论有无法律的帮助。毫无疑问地,没人会说,在依赖信用的经济组织社会中,这样一种局面体现了一种英明的社会设计。

在我们国家中,有两种环境因素在发挥着作用,使得对价之要求存活于我们的非封印契约法中。其一是这样一种职业感,它认为普通法是自然的法律秩序,它的原理的理想化形态就是自然法,它的实际规则是对自然法的宣示。在所有职业中都能发现类似的思想模式,它是把某种技艺之规则习惯性地应用(直到被视为理所当然)之结果。在法律中,它被自然法理论所强化,该理论自布莱克斯通以来一直统治着我们的初级法律教程,被教授给所有律师,直到现在这个世纪,并且它在我们大量的司法判决中被认可。后来它又被历史法学派的理论所强化,在19世纪的最后二十五年,该理论统治着我们的法律院校,它教导我们,法律的生长必定依循可在法律年鉴中发现的路线。这些因素与上个世纪的精神风貌以及律师对变化的本能反感相联合,生怕在不经意间为法官的恣意妄为和个性见解打开大门。这样,一些人把对价(不论它是什么)视为内在于可执行的允诺。另一些人认为它是一种历史形成的原则,契约法的未来演变必然受其支配。还有很多人就是认为,谈论改变是一件危险的事情。然而,在目前混作一团的未体系化和不可体系化的规则中,(如果是不经意的)变化已经在迅速发生。

没有什么场合能比给我们提供一种无约因合约的心理学理论更能为法学提供更多的服务了。因为,在先前说过的我们不愿意执行所有慎重允诺的背后,不止存在着对打着罗马法律科学印记的拉丁短语的迷恋。它应该与法庭不愿对过失言论适用过失原则相比较、与关于售卖者言辞的理论相比较、与口头诽谤责任之限制相比较,以及与遍布我们法律中的许多同类的东西相比较。所有这些部分地来自于严格法的影响,严格法是我们的法律制度的最初发源地。但是它们存留下来的原因是:人们有这样一种感觉,即"言辞是廉价的",多数情况下,不要按照其表面价值看待大部分人们所说的东西,如果所有口头言论都被认真对待,如果被法律用在别的行为形式上的原则被严格应用在口头言论上面,必然得不偿失。这就是当自然法作家说"允诺经常基于'炫耀',而不是出于担负一种拘束性关系的真实意图"时,他们想要表达的意思。但这种感觉或许过头了。无疑地,他们在前述那些类似的案件中已经走过头了。德里诉皮克(Derry v. Peek)案确立的规则远远超出了对人的多嘴多舌的合理限制所需的范围。在考虑口头言论的事实以及具体情形下言论的特点与语境的前提下,过失标准会充分地保障个体的言论自由。在商业交易中,如果人们能够通过勤勉断定事实,就不可依赖他者的口头表现,这个原则也太过头了,必须予以限制。与此类似,我们必须扩大口头诽谤的责任范围。依此,人们容易说过头话这个事实并不意味着,商人在商业交易中做出的允诺,或他者当作商业交易做出的允诺,都必然是出于"炫耀",也不意味着,我们应该犹豫,是否像在商业道德中那样,在法律上赋予它们约束力。没有接受意志理论,我们就不可以从中得到教益

第六章 契约

并执行这样一种允诺吗?即一个合理的人站在受诺人的立场上会相信该允诺是慎重做出的,包含着担负拘束性关系的意图。依照欺诈法的方法通过举证要求,比依照对价之要求(它就像允诺自身一样很容易通过可疑证据成立),会更容易、更有效地保障普遍安全免受欺诈的损害。这已经被衡平法执行口头契约的诉讼经验充分展示了,衡平法的相关内容通过情势变更和部分履行得自于欺诈法。

在盎格鲁-美国的契约法中,复兴的哲学化法学或许能找到其第一个也是最大的机会。理论异常的那份不断增长的列表显示,分析与重述对我们不再有用。的确,威利斯顿的清晰的陈述不过强调了分析方法的不足,通过着眼于后果从竞争性观点以及司法教义的分析性重述中进行选择的方式来勉力维持它,也于事无补。"法律重述"计划悬而未决。但是,把已经被陈述的东西予以重述是不可能的,况且关于对价的法律是什么,根本没有权威性的陈述。以保留其所有缺点的方式陈述它,我们不会得到任何东西,并且,任何逻辑一致的分析性陈述都会要求,略过法官们为了使更多允诺具有可执行性已经悄悄在暗地里做过的大量工作。给定一种允诺执行的抽象的哲学理论,我们的法院在新的法律生长期会依据它去型塑法律,司法经验主义和法律理性会依照新路径提供一种可行体系。其中包含的变化之可能性可以被估算出来,只要我们把以下两种侵权法做一下对比:一种是我们的旧侵权法,它规定了一系列不容变通的有名错误行为,包含了源于不法侵入的程序性要求和个案侵入之诉的区别,还有那粗糙的仅仅基于因果关系的责任理念;另一种是在19世纪末,它被基于过错的责任理论型

284 塑之后的新形态。即使我们必须抛弃侵权责任仅来自于过错这个观念，但不论是对于法律理论，还是实际的正义实施，此种理论概括都提供了头等重要的服务。20世纪的哲学理论，不论它是什么，只要完成如下任务，就会提供同样重要的服务：把文明社会关于诚信和关于允诺的推论（以可接受的形式）的法律预设植入我们的时空背景；为法学家、法官和立法者提供一套逻辑评判标准，一种可行的决策尺度，以及一个法律该追求什么的理想，让他们用这些东西继续拓宽法律上可执行的允诺的领域，并由此同时扩张法律满足人类主张的领域。

参 考 文 献

第一章

Plato (B. C. 427—347),Republic.

――.Laws.

　　Translations in Jowett's Plato. The Translation of the Republic is published separately.

Pseudo-Plato,Monos.

　　Now generally considered not to be a genuine work of Plato's and variously dated from as early as c. 337 B. C. to as late as c. 250 B. C. There is a convenient translation in Bohn's Libraries.

Aristotole (B. C. 384—322),Nicomachean Ethics.

――.Politics.

　　Translation by Jowett should be used.

　　Reference may be made to Berolzheimer, System der Rechts-und Wirthschaftsphilosophie, Ⅱ, §§ 13—16 (World's Legal Philosophies, 46—77); Hildenbrand, Geschichte und System der Rechts-und Staatsphilosophie, §§ 1—121.

Cicero (B. C. 106—143),De Legibus.

　　Reference may be made to Berolzheimer, System der Rechts-und Wirthschaftsphilosophie, Ⅱ, §§ 17—20 (World's Legal Philosophies, 78—92); Hildenbrand, Geschichte und System der Rechts-und Staatsphilosophie, §§ 131—135, 143—147; Voigt, Das Ius Naturale, aequum et bonum und Ius Gentium der Römer,1, §§ 16,35—41,44—64, 89—96.

Thomas Aquinas (1225 or 1227—1274),Summa Theologiae.

Convenient translation of the parts relating to law in Aquinas Ethicus.

Reference may be made to Berolzheimer, System der Rechts-und Wirthschaftsphilosophie, Ⅱ, §§ 21—23 (World's Legal Philosophies, 93—111).

Oldendorp,Iuris naturalis gentium et ciuilis εἰσαγωγη (1539).

Hemmingius (Henemingsen) De Iure naturale apodictica methodus (1562).

Winckler,Principiorum iuris libri V (1615).

These are collected conveniently in Kaltenborn,Die Vorläufer des Hugo Grotius.

Reference may be made to Berolzheimer, System der Rechts-und Wirthschaftsphilosophie, Ⅱ, § 24 (World's Legal Philosophies, 112—114); Hinrichs, Geschichte der Rechts-und Staatsprincipien seit der Reformation, Ⅰ,1—60;Gierke,Johannes Althusius,2 ed. ,18—49,142—162,321.

Soto,De justitia et iure (1589).

Suarez,De legibus ac deo legislatore (1619).

Reference may be made to Figgis, Studies of Political Thought from Gerson to Grotius,Lect. V.

Grotius,De iure belli et pacis (1625).

Whewell's edition with an abridged translation is convenient.

Pufendorf,De jure naturae et gentium (1672).

Kennet's translation (1703) may be found in several editions.

Burlamaqui,Principes du droit naturel (1747).

Nugent's translations is convenient.

Wolff,Institutiones juris naturae et gentium (1750).

Rutherforth,Institutes of Natural Law (1754—1756).

Vattel,Le droit des gens,Préliminaires (1758).

There are many translations of Vattel.

Rousseau,Contrat social (1762).

Tozer's translation is convenient.

Blackstone, Commentaries on the Laws of England, Introduction, sect. II (1765).

Reference may be made to Berolzheimer, System der Rechts-und Wirthschaftsphilosophie, II, §§ 25—27, 29 (World's Legal Philosophies, 115—134, 141—156); Hinrichs, Geschichte der Rechts-und Staatsprincipien seit der Reformation, I, 60—274, II, III, 1—318; Korkunov, General Theory of Law, transl. by Hastings, § 7; Charmont, La renaissance du droit naturel, 10—43.

Hobbes, Leviathan (1651).

Spinoza, Ethica (1674).

——, Tractatus theologico-politicas (1670).

Elwes' translation of the two last in Bohn's Libraries must be used with caution.

Bentham, Principles of Morals and Legislation (1780).

A convenient reprint is published by the Clarendon Press.

——, Theory of Legislation. (Originally published in French, 1820). Translated by Hildreth (1864), and in many editions.

Mill, On Liberty (1859).

Courtney's edition (1892) is convenient.

Reference may be made to Duff, Spinoza's Political and Ethical Philosophy; Berolzheimer, System der Rechts-und Wirthschaftsphilosophie, II, § 28 (World's Legal Philosophies, 134—141); Dicey, Law and Public Opinion in England, Lect. 6; Albee, History of English Utilitarianism; Stephen, The English Utilitarians; Solari, L'idea individuale e l'idea sociale nel diritto privato, §§ 31—36.

Kant, Metaphysische Anfangsgründe der Rechtslehre (2 ed. 1798). Translated by Hastie as "Kant's Philosophy of Law" (1887).

Fichte, Grundlage des Naturrechts (1796, new ed. by Medicus, 1908). Translated by Kroeger as "Fichte's Science of Rights" (1889).

Hegel, Grundlinien der Philosophic des Rechts (1821), ed. by Gans (1840), new ed. By Lasson (1911). Translated by Dyde as "Hegel's Philosophy of

Right" (1896). This translation must be used cautiously.

Krause, Abriss des Systemes der Philosophie des Rechtes (1828).

Ahrens, Cours de droit naturel (1837, 8 ed. 1892). Twenty-four editions in seven languages. The German 6th edition (Naturrecht, 1870—1871) contains important matter not in the French editions.

Green, Principles of Political Obligation. Lectures delivered in 1879—1880. Reprinted from his Complete Works (1911).

Lorimer, Institutes of Law (2 ed. 1880).

Lasson, Lehrbuch der Rechtsphilosophie (1882).

Miller, Lectures on the Philosophy of Law (1884).

Boistel, Cours de philosophie du droit (1870, new ed. 1899).

Herkless, Lectures on Jurisprudence (1901).

Brown, The Underlying Principles of Modern Legislation (1912).

Mention may be made of Beaussire, Les principes du droit (1888); Beudant, Le droit individuel et l'état (1891); Carle, La vita del diritto (2 ed. 1890); Dahn, Rechtsphilosophische Studien (1883); Giner y Calderon, Filosofia del derecho (1898); Harms, Begriff, Formen und Grundlegung der Rechtsphilosophie (1889); Hennebicq, Philosophie de droit et droit naturel (1897); Herbart, Analytische Beleuchtung des Naturrechts und der Moral (1836); Jouffroy, Cours de droit naturel (5 ed. 1876); Kirchmann, Grundbegriffe des Rechts und der Moral (2 ed. 1873); Krause, Das System der Rechtsphilosophie (posthumous, ed. by Röder, 1874); Miraglia, Filosofia del diritto (3 ed. 1903, transl. in Modem Legal Philosophy Series, 1912); Röder, Grundzüge des Naturrechts oder der Rechtsphilosophie (2 ed. 1860); Rosmini, Filosofia del diritto (2 ed. 1865); Rothe, Traité de droit naturel, théorique et appliqué (1884); Schuppe, Grundziige der Ethik und Rechtsphilosophie (1881); Stahl, Philosophie des Rechts (5 ed. 1878); Tissot, Introduction historique et philosophique à l'étude du droit (1875); Trendelenburg, Naturrecht auf dem Grunde der Ethik (1868); Vareilles-Sommières, Les principes fondamentaux du droit (1889); Wallaschek, Studien zur Rechtsphilosophie (1889).

Reference may be made to Gray, Nature and Sources of the Law, §§ 7—9; Bryce, Studies in History and Jurisprudence, Essay 12; Pollock, Essays in Jurisprudence and Ethics, 1—30; Korkunov, General Theory of Law, translated by Hastings, § 4; Bergbohm, Jurisprudenz und Rechtsphilosophie, §§ 6—15; Pound, The Scope and Purpose of Sociological Jurisprudence, 24 Harvard Law Rev. , 501; Pound, the Philosophy of Law in America, Archiv für Rechts und Wirthschaftsphilosophie, VII, 213, 285.

Jhering, Der Zweck im Recht (1877—1883, 4 ed. 1904). The first volume is translated by Husik under the title "Law as a Means to an End" (1913).

Jhering, Scherz und Ernst in die Jurisprudenz (1884, 9 ed. 1904).

Reference may be made to the appendices to Jhering, Law as a Means to an End, transl. by Husik; Berolzheimer, System der Rechts- und Wirthschaftsphilosophie, II , § 43 (World's Legal Philosophies, 327—351); Korkunov, General Theory of Law, translated by Hastings, §§ 13—14; Tanon, L'évolution du droit et la conscience sociale (3 ed. 1911), pt. I , ch. 3.

Stammler, Ueber die Methode der geschichtlichen Rechtstheorie (1888).

——, Wirthschaft und Recht (1896, 2 ed. 1905).

——, Die Gesetzmassigkeit in Rechtsordnung und Volkswirthschaft (1902).

——, Lehre von dem rechtigen Rechte (1902).

——, Systematische Theorie der Rechtswissenschaft (1911).

——, Rechts- und Staatstheorien der Neuzeit (1917).

Del Vecchio, The Formal Bases of Law, translated by Lisle (1914). A translation of I presupposti filosofici della nozione del diritto (1905), II concetto del diritto (1906, reprinted 1912), II concetto della natura e il principio del diritto (1908).

For critiques of Stammler, see Berolzheimer, System der Rechts- und Wirthschaftsphilosophie, II , § 48 (World's Legal Philosophies, 398—422); Kantorowicz, Zur Lehre vom richtigen Recht; Croce, Historical Materialism and the Economics of Karl Marx, ch. 2; Geny, Science et technique en droit privé positif, II , 127—130; Binder, Rechtsbegriff und Rechtsidee (1915); Binder, Kritische und metaphysische Rechtsphilosophie,

Archiv für Rechts-und Wirthschaftsphilosophie, IX, 142, 267; Vinogradoff, Common Sense in Law, ch. 9.

Kohler, Rechtsphilosophie und Universalrechtsgeschichte, in Holtzendorff, Enzyklopädie der Rechtswissenschaft, I (6 ed. 1904, 7 ed. 1913). (Not in prior editions.)

Kohler, Lehrbuch der Rechtsphilosophie (1909, 2 ed. 1917). Translated by Albrecht as "Philosophy of Law" (1914).

Kohler, Moderne Rechtsprobleme (1907, 2 ed. 1913).

Berolzheimer, System der Rechts-und Wirthschaftsphilosophie (1904—1907). Vol. II, history of juristic thought, translated by Jastrow (somewhat abridged) under the title "The World's Legal Philosophies" (1912), Vol. III, general system of legal and economic philosophy, Vol. IV, philosophy of interests of substance, Vol. V, philosophy of criminal law, are important for our purposes.

See also Berolzheimer, Rechtsphilosophische Studien (1903); Barillari, Diritto e filosofia (1910—1912); Kohler, Das Recht (1909); Kohler, Recht und Persönlichkeit in die Kultur der Gegenwart (1914).

Radbruch, Grundzüge der Rechtsphilosophie (1914).

Miceli, Principii di filosofia del diritto (1914).

Tourtoulon, Principes philosophiques de l'histoire du droit (1908—1920).

Demogue, Notions fondamentales du droit privé (1911).

Geny, Méthode d'interprétation et sources en droit privé positif (1899, 2 ed. 1919). A book of the first importance.

——, Science et technique en droit privé positif (1913).

Duguit, L'état, le droit objectif et la loi positive (1901).

——, Le droit social, le droit individuel et la transformation de l'état (2 ed. 1911).

——, Les transformations générales du droit privé (1912). Translated in Continental Legal History Series, Vol. XI, ch. 3.

——, Law and the State (1917).

Reference may be made to Modern French Legal Philosophy (1916) in the Modern Legal Philosophy Series; Jung, Das Problem des natürlichen

Rechts (1912).

See also Boucaud, Qu'est-ce que le droit naturel (1906); Charmont, La renaissance du droit naturel (1910); Charmont, Le droit et l'esprit democratique (1908); Djuvara, Le fondement du phénomène juridique (1913); Fabreguettes, La logique judiciaire et l'art de juger (1914); Leroy, La loi (1908).

Compare Cathrein, Recht, Naturrecht und Positives Recht (1901).

See also Cohen, Jus naturale redivivum, Philosophical Rev. , XXV, 761 (1916).

Spencer, Justice (1891).

See also Anzilotti, La filosofia del diritto e la sociologia (1907); Brugi, Introduzione enciclopedica alle scienze giuridiche e sociale (4 ed. 1907, 1 ed. 1890); Cosentini, Filosofia del diritto e sociologia (1905); Cosentini, Criticismo e positivismo nella filosofia del diritto (1912); Daguanno, La genesi e l'evoluzione del diritto civile (1890); Eleutheropoulos, Rechtsphilosophie, Sociologie und Politik (1908); Fragapane, Obbietto e limiti della filosofia del diritto (1897); Levi, Il diritto naturale nella filosofia di R. Ardigo (1904); Nardi Greco, Sociologia giuridica (1906); Porchat, Sociologia e direito (1902); Ratto, Sociologia e filo sofia del diritto (1894); Vadale Papale, La filosofia del diritto a base sociologica (1885); Vander Eycken, Méthode positive de l'interprétation juridique (1907).

Post, Der Ursprung des Rechts (1876).

——, Bausteine für eine allgemeine Rechtswissenschaft (1880).

——, Die Grundlagen des Rechts und die Grundzüge seiner Entwickelungsgeschichte (1884).

Kuhlenbeck, Natürliche Grundlagen des Rechts (1905).

A discussion of fundamental problems of jurisprudence from the Darwinian standpoint.

Richard, Origine de l'idée de droit (1892).

Vaccaro, Les bases sociologiques du droit et de l'état (1898). Translation of Le basi del diritto e dello stato (1893). A theory of law as the outcome of class struggles. For critiques of the foregoing, see Tanon, L'évolution du droit et la conscience sociale (3 ed. 1911); Tourtoulon, Principes philosophiques de l'histoire du droit (1908—1920); Charmont, La renaissance du droit naturel (1910).

Tarde, Les transformations du droit (6 ed. 1909). First published in 1894.

Vanni, Lezioni di filosofia del diritto (3 ed. 1908). First published in 1901—1902.

See also Bonucci, L'orientazione psicologica dell' etica e della filosofia del diritto (1907); Bozi, Die Weltan schauung der Jurisprudenz (1907, 2 ed. 1911); Bozi, Die Schule der Jurisprudenz (1910); Cruet, La vie du droit et l'impuissance des lois (1914); Grasserie, Principes sociologiques du droit civil (1906); Jellinek, Die sozialethische Bedeutung von Recht, Unrecht und Strafe (2 ed. 1908, 1st ed. 1878); Lagorgette, Le fondement du droit (1907); Miceli, Le fonti del diritto dal punto di vista psichico-sociale (1905); Miceli, Lezioni di filosofia del diritto (1908).

Holmes, The Path of the Law, 10 Harvard Law Review, 467 (1897); Collected Papers, 167—202.

Ehrlich, Soziologie und Jurisprudenz (1903).

Wurzel, Das juristische Denken, 98—102 (1904). Translated in The Science of Legal Method (Modern Legal Philosophy Series, Vol. 9, 421—428).

Gnaeus Flavius (Kantorowicz), Der Kampf um die Rechtswissenschaft (1906).

Kantorowicz, Rechtswissenschaft und Soziologie (1911).

Kelsen, Ueber Grenzen zwischen juristischer und soziologischer Methode (1911).

Brugeilles, Le droit et la sociologie (1910).

Rolin, Prolégomènes à la science du droit (1911).

Ehrlich, Erforschung des lebenden Rechts, in Schmoller's Jahrbuch für Gesetzgebung, XXV, 190 (1911).

——, Grundlegung der Soziologie des Rechts (1913).

——, Das lebende Recht der Völker der Bukowina (1913).

Page,Professor Ehrlich's Czernowitz Seminar of Living Law,Proceedings of Fourteenth Annual Meeting of Association of American Law Schools,46 (1914).

Cosentini,Filosofia del diritto (1914).

Ehrlich,Die juristische Logik (1918).

Kornfeld,Allgemeine Rechtslehre und Jurisprudenz (1920).

See also Cosentini,La réforme de la législation civile (1913) (revised and augmented translation of La riforma della legislazione civile, 1911); Kornfeld,Soziale Machtverhältnisse,Grundzüge einer allgemeinen Lehre vom positiven Rechte auf soziologischer Grundlage (1911); Levi, La société et l'ordre juridique (1911);Levi,Contributi ad una teoria filosofica dell' ordine giuridico (1914).

第二章

Miller,The Data of Jurisprudence,ch. 6.

Salmond,Jurisprudence, § 9.

Pulszky,Theory of Law and Civil Society, § 173.

Bentham,Theory of Legislation,Principles of the Civil Code,pt. I ,ch. 1—7.

Holland,Jurisprudence,ch. 6.

Kant,Philosophy of Law (Hastie's translation) 45—46.

Spencer,Justice,ch. 5—6.

Willoughby,Social Justice,ch. 2.

Paulsen,Ethics (Thilly's translation),ch. 9.

Gareis,Vom Begriff Gerechtigkeit.

Demogue,Notions fondamentales de droit privé,119—135.

Picard,Le droit pur,liv. 9.

Pound, The End of Law as Developed in Legal Rules and Doctrines, 27 Harvard Law Review,195.

Holmes,Common Law,Lect. 1.

Post,Ethnologische Jurisprudenz, II ,58—59.

Fehr, Hammurapi und das Salische Recht, 135—138.

Ames, Law and Morals, 22 Harvard Law Review, 97.

Voigt, Das Ius naturale, aequum et bonum und Ius Gentium der Römer, Ⅰ, 321—323.

Stephen, Liberty, Equality, Fraternity, 189—255.

Maine, Early History of Institutions (American ed.), 398—400.

Ritchie, Natural Rights, ch. 12.

Demogue, Notions fondamentales de droit privé, 63—110, 136—142.

Jhering, Scherz und Ernst in die Jurisprudenz (10 ed.), 408—425.

Pound, Liberty of Contract, 18 Yale Law Journal, 454.

——, The End of Law as Developed in Juristic Thought, 27 Harvard Law Review, 605, 30 Harvard Law Review, 201.

Berolzheimer, The World's Legal Philosophies, §§ 17—24.

Figgis, Studies of Political Thought from Gerson to Grotius, Lect. 6.

Berolzheimer, The World's Legal Philosophies, §§ 25—27.

Hobbes, Leviathan, ch. 15.

Berolzheimer, The World's Legal Philosophies, § 29.

Korkunov, General Theory of Law (translated by Hastings), § 7.

Ritchie, Natural Rights, ch. 3.

Charmont, La renaissance de droit naturel, 10—43.

Berolzheimer, The World's Legal Philosophies, 35—37.

Korkunov, General Theory of Law (translated by Hastings), 320—322.

Gray, Nature and Sources of the Law, 58.

Berolzheimer, The World's Legal Philosophies, § 28.

Mill, On Liberty, ch. 4.

Dicey, Law and Public Opinion in England, Lect. 6.

Berolzheimer, The World's Legal Philosophies, §§ 43—48, 52.

Stammler, Wesen des Rechts und der Rechtswissenschaft (in Systematische Rechtswissenschaft, i—lix).

Kohler, Rechtsphilosophie und Universalrechtsgeschichte, §§ 13—16, 33—34, 51.

第三章

Geny.Méthode d'interprétation et sources en droit privé positif (2 ed. 1919).

Vander Eycken.Méthode positive de l'interprétation juridique (1907).

Mallieux.L'Exégèse des codes (1908).

Ransson.Essai sur l'art de juger (1912).

 See Wigmore. Problems of Law. 65—101; Pound. The Enforcement of Law. 20 Green Bag. 401; Pound. Courts and Legislation. 7 American Political Science Review. 361—383.

Science of Legal Method.Modem Legal Philosophy Series.Vol. 9 (1917).

Gnaeus Flavius (Kantorowicz). Der Kampf urn die Rechtswissenschaft (1906).

Fuchs.Recht und Wahrheit in unserer heutigen Justiz (1908).

———.Die gemeinschädlichkeit der konstruktiven Jurisprudenz (1909).

Oertmann.Gesetzeszwang und Richterfreiheit (1909).

Rumpf.Gesetz und Richter (1906).

Brütt.Die Kunst der Rechtsanwendung (1907).

Gmelin.Quousque? Beiträge zur soziologischen Rechtsfindung (1910).

Reichel.Gesetz und Richterspruch (1915).

Jellinek.Gesetz.Gesetzesanwendung und Zweckmässigkeitserwägung (1913).

Kübl.Das Rechtsgefühl (1913).

Heck.Gesetzesauslegung und Interessenjurisprudenz (1914).

Stampe.Grundriss der Wertbewegungslehre (1912.1919).

 See Kohler. Lehrbuch des bürgerlichen Rechts. I . §§ 38—40; Austin. Jurisprudence (3 ed.). 1023—1036; Pound. Spurious Interpretation. 7 Columbia Law Review. 379; Gray. Nature and Sources of the Law. §§ 370—399; Somlo. Juristische Grundlehre. §§ 110—122; Stammler. Rechts-und Staatstheorien der Neuzeit. § 18; Pound. Introduction to English Translation of Saleilles. Individualization of Punishment; Saleilles. Individualization of Punishment. translated by Jastrow. ch. 9; Pound.

Administrative Applications of Legal Standards, 44 Rep. American Bar Assn. ,445;Laun,Das freie Ermessen und seine Grenzen (1910).

第四章

Holmes,Collected Papers,49—116 (1920).
Baty,Vicarious Liability (1916).
Hasse,Die Culpa des römischen Rechts (2 ed. 1838).
Jhering,Der Schuldmoment im römischen Privatrecht (1867).
Rümelin,Schadensersatz ohne Verschulden (1910).
Triandafil, L'Idée de faute et l'idee de risque comme fondement de la responsabilité(1914).
See Binding, Die Normen und ihre Uebertretung, I , §§ 50—51; Meumann, Prolegomena zu einem System des Vermögensrechts, 80ff. (1903);Duguit in Progress of Continental Law in the Nineteenth Century (Continental Legal History Series, Vol. XI), 124—128; Geny, Risque et responsabilité, Revue trimestrielle de droit civil, I , 812; Rolin, Responsabilité sans faute, Revue de droit international et legislation comparée, XXXVIII , 64; Demogue, Fault, Risk and Apportion ment of Risk in Responsibility, 15 Illinois Law Review, 369; Thayer, Liability Without Fault, 29 Harvard Law Review, 801; Smith, Tort and AbsoluteLiability, 30 Harvard Law Review, 241, 319, 409; Bohlen, The Rule in Rylands v. Fletcher, 59 University of Pennsylvania Law Review, 298, 373, 423; Isaacs, Fault and Liability, 31 Harvard Law Review, 954.

第五章

Ely, Property and Contract in Their Relation to the Distribution of Wealth, I , 51—93, 132—258, 295—443, II , 475—549.
Hobson and Others, Property, Its Rights and Duties, Historically,

Philosophically and Religiously Considered (2 ed.),essays 1—3,5—8.

Green,Principles of Political Obligation, §§ 211—231.

Miller,Lectures on the Philosophy of Law,Lect. 5.

Herkless,Jurisprudence,ch. 10.

Russell,Social Reconstruction,ch. 4.

Spencer,Justice,ch. 12.

Kohler,Philosophy of Law,Albrecht's translation,120—133.

Maine,Ancient Law,ch. 8.

——,Early History of Institutions (American ed.),98—118.

——,Early Law and Custom (American ed.),335—361.

Duguit,in Progress of the Law in the Nineteenth Century (Continental Legal History Series,Vol. XI),129—146.

Wagner,Volkswirthschaft und Recht,besonders Vermögensrecht (1894).

Perreau,Cours d'économic politique, II ,623—695 (1916).

De la Grasserie,Les principes sociologiques du droit civil,ch. 3.

Cosentini,La réforme de la législation civile,371—422 (1913).

Fouillée,La propriété sociale et la democratic (1884).

Landry,L'Utilité sociale de la propriété individuelle (1901).

Meyer,L'Utilité publique et la propriété privée (1893).

Thézard,La propriété individuelle: Étude de philosophic historique du droit (1872).

Thomas,L'Utilité publique et la propriété privée (1904).

Berolzheimer,System der Rechts-und Wirthschaftsphilosophie, IV , §§ 1—13.

Felix,Entwickelungsgeschichte des Eigenthums (1883—1899).

Karner,Die sociale Funktion der Rechtsinstitute, besonders des Eigenthums (1904).

Conti,La proprietà fondiaria nel passato e nel presente (1905).

Cosentini,Filosofia del diritto,250—279 (1914).

Fadda,Teoria della proprietà (1907).

Labriola,Sul fondamento della proprietà privata (1900).

Loria,La proprietà fondiaria e la questione sociale (1897).

Piccione,Concetto positive del diritto di proprietà (1890).

Velardita, La proprieta secondo la sociologia (1898).
Grotius, De jure belli et pacis, II ,3,1—5, II ,6,1 and 14. § 1.
Pufendorf, De jure naturae et gentium, IV ,4. §§ 2—6,14.
Locke, On Government, ch. 5.
Blackstone, Commentaries, II ,3—10.
Kant, Metaphysische Anfangsgründe der Rechtslehre (2 ed.), §§ 1,6—7,8, 10,18—21.
Hegel, Grundlinien der Philosophie des Rechts, 44,46,49.
Lorimer, Institutes of Law (2 ed.), 215 ff.

第六章

Ely, Property and Contract in Their Relation to the Distribution of Wealth, II ,576—751.
Amos, Systematic View of the Science of Jurisprudence, ch. II .
Herkless, Jurisprudence, ch. 12.
Kohler, Philosophy of Law, Albrecht's translation, 134—191.
De la Grasserie, Les principes sociologiques du droit civil, ch. 6.
Duguit, in Progress of the Law in the Nineteenth Century (Continental Legal History Series, Vol. XI), 100—124.
Kant, Metaphysische Anfangsgründe der Rechtslehre (2 ed.), §§ 18—21.
Hegel, Grundlinien der Philosophie des Rechts, §§ 71—81.
Richte, Grundlage des Naturrechts, §§ 18—20.
Williston, Contracts, I , §§ 99—204.
Ames, The History of Assumpsit, 2 Harvard Law Review, 1,53.
——, Two Theories of Consideration, 12 Harvard Law Review, 515; 13 Harvard Law Review, 29.
Beale, Notes on Consideration, 17 Harvard Law Review, 71.
Langdell, Mutual Promises as a Consideration for Each Other, 14 Harvard Law Review, 496.
Pollock, Afterthoughts on Consideration, 17 Law Quarterly Review, 415.

Hershey,Letters of Credit,32 Harvard Law Review,1.

Lorenzen,Causa and Consideration in the Law of Contracts,28 Yale Law Journal,621.

Pound,Consideration in Equity,13 Illinois Law Review,667 (Wigmore Celebration Essays,435).

索　引

（索引中的页码均为原书页码，即本书边码）

A

Abstract promise 抽象允诺，262，263
Acquisition 取得、获取
　　by creation 通过创造，195
　　by discovery 通过发现，195，201
　　by occupation 通过先占，196，211
　　civil 民事、民法、文明，196—197
　　derivative 衍生的，207
　　in Roman law 在罗马法中，194—200
　　Kant's theory of 康德的理论，210—213
　　natural 自然的，195
　　things not subject to 物不可以被，197
Act, as basis of liability 行为，作为责任的基础，158
Acting at one's peril 自负风险，167，178
Action 诉、诉讼、行动
　　de deiectis et diffuses 脱落、投掷物之，162
　　de recepto 收受之，162

　　in factum 事实上，160
　　in personam 对人，151
　　noxal 转承，161
Adjudication 裁判
　　administrative element in 行政要素，122—123
　　steps in 步骤，100
Administration 行政，108
　　adjustment with law 与法律相调适，137
Administrative tribunals 行政法院，130，136
Ames, James Barr 埃姆斯，178
Analogy, reasoning by 类推、类比，通过……推理，32
Analysis 分析，53
Analytical application 分析性应用，123—125
　　reasoning 分析推理，105
　　theory 分析理论，53—54
Anglo-Saxon Law 盎格鲁-撒克逊法，148
Application of Law 法律的应用，100 ff.

agencies of individualizing 个别化力量,129—138
  analytical 分析的,123—125
  equitable 衡平,122,126—129
  historical 历史,125—126
  latitude of 维度,120,129
  margin of 留白,112
  rules 规则,142
  theories of 理论,123—129
Aquilian *culpa* 亚居拉式疏忽,156,159,162
Aquinas,St. Thomas 托马斯·阿奎那,25—26
Aristotle 亚里士多德,25,38,76,82,138
  on application of law 关于法律的应用,109—110
  threefold classification of governmental powers 政府权力三分,15
Austin,John 约翰·奥斯丁,172—174,259

B

Bacon 培根,258
Bailment 寄托,170,270,275
Bartolus 巴托鲁斯,37
Baty,T. 贝蒂,166
Bentham 边沁,54,84
Bergson 伯格森,141
Bills of Rights《权利法案》,43,53,216
Binding 宾丁,164
Blackstone 布莱克斯通,26,180,208,268,278
Buckland,W. W. 巴克兰,161

C

Callings,restrictions on engaging in 职业,从事……的限制,88
Camden,Lord 卡姆登,勋爵,119
Canon law 教会法,252,254
Carrier,liability of 职业,责任,186
Casuists 诡辩家,254
Catholic jurist-theologians 天主教神学法学家,39
Causa 原因,259
  civilis 法律的、文明的,248,250,251
  debendi 债务的,251,254,255
Causation 因果、因果关系,162,164
Certainty 确定性,142—143
Change,reconciliation with stability 改变、变化、变革,与稳定性相协调,30,38
Cicero 西塞罗,27,30,31,117
Civilization,as a measure of value 文明,作为一种价值尺度,98
  jural postulates of 法律预设,56,169—179,284
Civil law 民法法系,237—240
Classes,social 阶级,社会,91
Codification 法典化,46—47,139—140
Coke,Sir Edward 柯克,133
Commentators,the 评论者,37
Common Law,the,and legislation 普

通法,与立法,139—140
professional view as to 职业观点,278
types of delictal liability in 不法责任类型,168
Community property 共同体财产,229
Composition 和解,149,241—242
Compromises 妥协,94—95
Conceptions, legal 概念、观念,法律的,116
Conditions "implied in law" 隐含在法律中的条件,259
Conduct, application of law to 行为,法律对……的应用,137—139
expectations arising from 源于……的期待,189
Consciousness, as starting point 意识,作为起点,84
Consideration 对价,240,258—259,267,268,271—273,278—279
　adequacy of 相当,273—274
　circumstances keeping doctrine alive 使原则存活的环境因素,278—282
　in equity 衡平法中,258—259,277
　meanings of 意义,276—277
　meritorious 无价,259
Contract 契约
　analogy of real transactions 实际交易的类比,242
　Anglo-American law of 盎格鲁-美国法,257—259
　anomalies in law of 法律中的异常,282

bargain theory of 置换理论,269,271—273
by estoppel 禁止反言,187
categories of 范畴,248
civil-law enforcement of 民法法系执行,238—240
common-law categories of 普通法范畴,274—275
common-law enforcement of 普通法执行,240
consensual 诺成,249
equivalent theory of 对等理论,255—256,257—259,269,273—277
Fichte's theory of 费希特的理论,261—262
formal 要式,245—271
Hegel's theory of 黑格尔的理论,263
historical background of law of 法律的历史背景,241ff.
historical category of 历史范畴,172
historical theory of 历史理论,266—269
injurious-reliance theory of 损害依赖理论,261
innominate 无名,249,261
Kant's theory of 康德的理论,261
metaphysical theories of 形而上学理论,260—265
natural-law theory of 自然法理论,260
"natural principle of" 自然法原则,45—46
objective theory of 客观理论,264—

265
oral 口头, 282
philosophy of 哲学, 253
philosophical theories of 哲学理论, 241
positive theory of 实证理论, 265
real 实践, 249, 275
religious origins of 宗教起源, 242—247, 252
Roman categories of 罗马范畴, 45, 253, 260, 266
Romanist theory of 罗马式理论, 263—265
simple 非封印, 275
specific enforcement of 强制履行, 238—240
Spencer's theory of 斯宾塞的理论, 265
subjective theory of 主观理论, 271
theory of basis in personality 基于人格的理论, 263—265
theory of inherent moral force 内在道德力量的理论, 259—260, 261
third-party beneficiaries of 第三方受益人, 273
will theory of 意志理论, 264—265, 269—271, 281—282
Corpus Iuris Canonici 教会法大全, 252
Court and jury 法庭与陪审团, 111
Courts, contest with Crown 法庭, 对抗王权, 53
Culpa 疏忽, 170, 175

abstract standard of 抽象标准, 177
concrete standard of 具体标准, 178
contractual 契约性, 170
delictal 不法性, 170
Culpability 可责性, 158
as basis of liability 作为责任的基础, 184
fiction of 拟制, 158, 178
Custody 看护, 222—223

D

D'Aguesseau 盖索, 254
Debt 债务, 174, 244, 275
Defamation 诽谤, 280, 281
Delicts, equitable 不法, 衡平, 159
historical category of 历史范畴, 172
nominate 有名, 162, 169—170, 175
Demosthenes 德摩斯梯尼, 22
Depositum 寄存, 249
Derivative acquisition 衍生性取得, 207
Deny v. Peek 德里诉皮克案, 281
Dicey, A. V. 戴雪, 184
Digest of Justinian 查士丁尼法学汇编, 107
Discovery 发现, 195, 201
Discretion 裁量, 117, 119, 129
margin of 余地, 132
of the chancellor 大法官的, 130—133
relation of to rule 与规则的关系, 112, 141—143
Dispensing power 处分权, 113
Distributions, Statute of 分配, 成文法,

142

Division of labor 劳动分工,56,176,191

Doctor and Student 神学博士与学生,252,259

Doe,Chief Justice 多伊,首席法官,185

Dolus 恶意,156,159,169,175

Dominium 支配权,199,225

Due care 妥当注意,170,175

    standard of 标准,119—120

Duguit,L. 狄骥,98,232

Dumoulin 杜摩兰,39

Dunedin,Lord 达尼丁,勋爵,276

Duress 胁迫,159

Duties 义务,173

    relational 关系性,85

E

Economic interpretation 经济学解释,66—67,170—180

Eldon,Lord 埃尔顿,勋爵,47

Empiricism,judicial 经验主义,司法的,34,283

    juristic 法学的,34

End of law 法律的目的,54,59—99

    as a measure of value 作为一种价值尺度,96

        Greek conception of 希腊观念,74—77

        ideals of as basis of juristic theories 作为法学理论基础的理想,71—72

        keeping the peace as 维护和平作为,72—74

        maximum individual self-assertion as 最大化个体自主作为,84—87

        medieval conception of 中世纪观念,78—80

        nineteenth century conception of 19世纪观念,83—85

        preserving social status quo as 维持社会现状作为,74—81

        rise of new ideas as to 关于……新理念的兴起,87—99

        Roman conception of 罗马观念,77—78

        theories of 理论,72—99

English juristic theory 英国法学理论,64

Englishmen,common-law rights of 英国人,普通法权利,43,53

Enterprises,conduct of 事业,行为,137—189

Equality 平等,82—85

Equitable application of law 法律的衡平适用,122,126—129

Equities 公道,121

Equity 衡平法,28,47,57,59,117,130—133,137—138,258—259,271

    and natural law 与自然法,41,102,112,114,153,178

    of the tribunal 法庭的,102

    provision for a child as consideration

in 抚养儿童作为……中的对价,272,274

securing a creditor as consideration in 保障债权人作为……中的对价,272

settlement on a wife as consideration in 安顿妻子作为……中的对价,272,274

will not aid a volunteer 不会帮助自愿者,272

Ethical interpretation 伦理学解释,266

F

Familia 家主,200

Fichte, theory of contract 费希特,契约理论,261—262

Fictions 拟制,102—108,115
 dogmatic 教义学,179,180,274
 of culpability 可责性的,178—179
 of negligence 过失的,179
 of representation 代理的,166,179
 of undertaking 承诺的,171

Fiducia cum amico 管理信托,249

Fifth Amendment 第五修正案,51

Finding law 发现法律,100,104—105

Form and intention 形式与意图,154—155

Formal contracts 要式契约,245,271,275
 historical origin of 历史起源,245—247

Formal undertaking 要式承诺,155

Forms in primitive thinking 原始思想中的形式,247—248

Formulas, elasticity of 准则,弹性,121

Fortescue 福斯科,38

Fourteenth Amendment 第十四修正案,51

Freedom of contract 契约自由,191,265,267—269

Freedom of industry 产业自由,191

French Civil Code 法国民法典,48,162,163
 law of delictal liability 不法责任的法律,167—168
 monarchy, legal theory under 君主政体,法律理论,64

Functional attitude 功能主义态度,91

G

Generalizations 理论概括,145

General security 普遍安全,72,96,149—150,171,175,176,179,193,282
 how infringed 如何被限缩,177

Germanic law 日耳曼法,36,41,79,251,254

Gifts, reformation of 赠与,重新订立,273

Gloss, The 注释,37

Glossators 注释法学家,40

Good faith 诚信,153,155,157,170
 corollaries of 诚信的推论,188—189

Gray, J. C. 格雷,102

Greek city, problem of order in 希腊

城邦,秩序问题,75
security of social institutions in 社会制度的安全,75
Greek law 希腊法,20—27,151,175
  Greek philosophers, conception of the end of law 希腊哲学家,法律的目的的概念,35,74—77
  conception of the nature of law 法律本质的概念,81
  conception of the general security 普遍安全的概念,74
  on subjects of litigation 关于诉讼的讨论,97,241
Grotius 格老秀斯,196,205—207,260

H

Hammurapi 汉谟拉比,60
Hard bargains 苛刻协议,132
Hegel 黑格尔,84,216,274
  theory of contract 契约理论,262
  theory of property 财产理论,214—216
Heraclitus 赫拉克利特,76
Hindu law 印度法,226—227,243—245
Hippodamus 西波丹姆斯,241
Historical application of law 法律的历史应用,125—126
Historical categories 历史范畴,172
Historical school 历史学派,279
Holmes, Mr. Justice 霍尔姆斯,大法官,166

Household, partition of 家庭,分割,226—227
Husband and wife 丈夫与妻子,188
  matrimonial property regime 婚姻财产制,229
Hybris 狂悖,77

I

Idealism, juridical 理想主义,司法的,41—42,91
Idealistic interpretation 理想主义解释,266
Imperium 统治权,199
"Implied" undertakings 隐含的承诺,158,171
Individual free self-assertion 个体自由自主,54
Individualization 个别化,111,113—114
  by juries 通过陪审团,133—134
  in criminal procedure 在刑事程序中,138
  in punitive justice 在报应正义中,134—135
  judicial 司法的,120—121
  moral element in 道德要素,137
  of penal treatment 刑事处分的,129—130
Individual life 个体生活,96
Inheritance 继承,139
Innkeeper, liability of 旅店老板,责任,186
Insult 侮辱,151

Intention 意图,189
  as source of liability 作为责任的渊源,157
Interdependence 彼此依赖,56
Interdicts 禁令,200
Interests 利益,89—90
  compromises of 妥协,94—95
  delimitation of 界定,192
  giving effect to 实现,90
  group 群体,225
  harmony of 和谐,96
  individual, in promised advantages 个体,在被允诺的好处,236
  intrinsic importance of 内在重要性,95
  inventory of 盘点,90
  of substance 物质的,139,237
  recognition of 承认,90,192
  securing of 保障,96,97
  valuing of 评价,89,95—99
  weighing of 衡量,89,94
Interpretation 解释,51—52,100
  fiction of 拟制,102—108
  genuine 真正的,105,124
  relation to law making 与造法的关系,105

J

Jessel,Sir George 杰塞尔,268
Judicial, contrasted with administrative 司法的,与行政对比,108
Jural postulates 法律预设,169—179,188,192—193,193—194,237,249,284
Juridical idealism 司法理想主义,41—42,91
Jurisconsults 法学家,30,43—44
Jurisprudence, problems of in Juristic theories, nature of 法学,法学理论中的问题,本质,69
Jurists, metaphysical 法学家,形而上学,52,68
  search for the more inclusive order 探寻更具包容性的秩序,145
  seventeenth and eighteenth century 17,18 世纪,43—44
Jurist-theologians 神学法学家,39
  Spanish 西班牙的,81—82,83
Jury 陪审团,129,133—134
  lawlessness of 非法律性,138
Jus 法律、正义、权利、正当,31
Jusdisponendi 处分权,221
Just, the, by nature or by convention 公正,这种,基于自然或基于惯习,25,27,31,55
Justice,Aristole on 正义,亚里士多德论,25,77
  definition of in the Institutes 法学阶梯中的定义,77
  executive 执行性,137
  idea of 理念,65
  without law 法外、无须法律,102,113
Justinian,Institutes of 查士丁尼,法学阶梯,77—78

K

Kant 康德,84,202,219,260
    theory of contract 契约理论,260—261
    theory of property 财产理论,210—214
Kenyon, Lord 凯尼恩,勋爵,47
Kin organization 亲属组织,74

L

Laesio enormis 非常损失,274
Langdell, C. C. 朗戴尔,259
Law, adjustment with administration 法律,与行政的调适,137
    and morals 与道德,27,30,41,111,112
    application of 应用,100ff.
    as an aggregate of rules 作为一种规则的加总,110
    as a body of agreements 作为一套协议,63
    as a body of commands 作为一套命令,64
    as a body of divinely ordained rules 作为一套神定的规则,60
    as a keeping of the peace 作为对和平的维护,72—74
    as a reflection of divine reason 作为一种对神化理性的反思,63
    as a system of principles 作为一种原则体系,62,66
    as custom 作为习俗,61,62
    as declaratory of economic or social laws 作为经济或社会法则的宣示,67—68
    as precepts discovered by experience 作为经由经验发现的规约,65
    as recorded traditional wisdom 作为传统智慧的记载,61
    as restraint on liberty 作为自由的限制,60
    as rules imposed by dominant class 作为统治阶级规定的规则,66
    as standing between the individual and society 作为居于个人与社会之间,53
    as unfolding an idea of right 作为正当理念的展开,65
    basis of authority of 权威基础,19,23—24,27,28—29,38,69—72
    Byzantine theory of no distinguished from rules of law 没有与法律规则分离的拜占庭理论,24
    elements of 要素,115—116
    end of 目的,35—36,59ff.
    effectiveness of 有效性,193
    finding 发现,100,104—105
    forms of 形式,27—28
    government of 统治,136
    historical theory of 历史理论,65,68
    how far made 多大程度上,107—108
    idea of self-sufficiency of 自足理念,17,67

judge made 法官制造,35
jurist made 法学家制造,35
maturity of 成熟期,48,59,102
merchant 商人,155,271,275
nature of 本质,59,91,111
nature of theories of 理论的本质,68—69
political theory of 政治理论,68
restatement of the 重述,282
science of 科学,101
soft spots in the 柔性场所,122
theories of the nature of 本质的理论,60—68

Law making,judicial 造法,司法的,105
presuppositions of 前提、预设,59

Legal standards 法律标准,51,114,116—120,129,141

Legal transactions 法律交易,153
bonae fidei 诚信,248
categories of 范畴,247
formal 要式,249
stricti iuris 严格法,248

Lending 借,150

Letters of credit 信用证,275,276—277

Lex 法律,31

Lex Aquilia 亚居拉法,159

Liability,absolute 责任,绝对,179
act as basis of 作为……基础的行为,158,182
analytical theory of 分析理论,152—153
as corollary of fault 作为过错的推论,163—164,166,168,181,187,283—284
basis of delictal 不法的基础,177
delictal 不法,163,167—169
elements of 要素,162—163
employer's 雇主的,163
fault as basis of 作为……的基础的过错,160,163—164,167
for cattle going on vacant lands 家畜跑到空置土地上,180—181
for injury by animal 因动物造成损害,163,164,180
for injury by child 因儿童造成损害,159
for injury by minor 因未成年人造成损害,162
for injury by a *res ruinosa* 因脱落物品造成损害,162
for injury by slave 因奴隶造成损害,159
for intentional harm 因故意损害,168
for negligence 因过失,175
for non-restraint of agencies 因力量失控,176
for tort,basis of 因侵权,基础,167
for tort,common-law theory of 因侵权,普通法理论,168—169
for trespassing cattle 因侵入的家畜,180
for unintended non-culpable harm 因非意愿不可责的损害,168

for unintentional culpable harm 因非意愿可责的损害,168
for vicious animals 因危险性已知的动物,182,186
from culpability 基于可责性,184
from legal transactions 基于法律交易,187
fundamentals of 基本的,174
historical anomalies in 历史异常,166,179,186
in French law 在法国法中,161—164
intention as basis of 作为……基础的意图,157,160
justifiable reliance as basis of 作为……基础的可证立的依赖,189
meaning of 意思,147
natural sources of 自然渊源,156
noxal 转承,159
of carrier 职业的,186
of innkeeper 旅店老板的,159,160,186
of master of ship 船主的,159,160
of stable keeper 畜舍主人的,159,160
on "implied" terms of transaction 基于交易的隐含条款,170
philosophical theories of 哲学理论,193—194
primitive grounds of 原初根据,149—151
quasi-contractual 准契约的,156

quasi-delictal 准不法的,156
relational 关系性的,186—188
to make restitution 返还的,187
theories of 理论,148
will-theory of 意志理论,157,177,179,189
without fault 无需过错,156,162,166,177,179
Liberty 自由,84—85
idea of 理念,65,267
idea of as source of liability 作为责任渊源的……理念,157
law and 法律与,60
Locke,John 洛克,208
Lorimer,James 洛里默,218
Louis Ⅸ 路易斯九世,128

M

Magistrate,power of 治安官,权力,112
Maine,Sir Henry 梅因,208
Mala prohibita 自然犯,26
Mandate 授权,272
Mansfield,Lord 曼斯菲尔德,勋爵,47,260,262,273
Manu 摩奴法典,60
Maturity of law 法律的成熟期,48,59,102
Maxims 准则,34
Metaphysical jurists 形而上学法学家,92
Metus 胁迫,159
Middle Ages,conception of end of law

in 中世纪,法律目的的观念,78—80
idea of law in 法律的理念,77—81
juristic need in 法学需求,36
Miller,W. G. 米勒,216—217
Mining customs 采矿习俗,195
　　law 法,201,222
Minos (pseudo-Platonic dialogue) 米诺斯,24
Mosaic law 摩西律法,60
Mutuum 消费借贷,249

N

Narada 那拉达,244
Nationalism in law 法律中的民族主义,39
Natural, meaning of in philosophy of law 自然的,在法哲学中的意义,31—32
Natural law 自然法,25,31,35,40,41,49—52,55,154,166,209,253,278,280
　　American variant of 美国变种,50
　　as a theory of growth 作为法律生长理论,33—34
　　as deduced from "a free government" 作为推演自一种自由政府,52
　　as ideal critique 作为理想反思,52
　　economic 经济的,205
　　theory of 理论,42
Natural obligation 自然之债,250
Natural reason 自然理性,202
Natural rights 自然权利,15,42—43,55,83,92—93,146,204,205
　　historical-metaphysical theory of 历史形而上学理论,52
　　theories of 理论,44—45
　　to produce of labor 对劳动成果,209
Nature, meaning of in Greek philosophy 自然,在希腊哲学中的意义,31—32
　　state of 状态,45
Necessary distinctions 必要区分,172,174
Negative community 消极共同体,207
Negligence 过失,119—120,165,168,177,179,270,280
　　fiction of 拟制,179,180
　　in speaking 言辞的,280,281
　　per se 自身,179
Neo-Hegelians 新黑格尔主义,94,98
Neo-Kantians 新康德主义,93,98
New York, Code of Civil Procedure 纽约,民事程序法典,105
Nexum 以身偿债,249
Nomos, meanings of 习俗、法律,意义,22
Noxal liability 转承责任,159
Nudum pactum 无约因合约,246,254,273,280

O

Oaths and vows 宣誓与誓言,251
Obligation, civil 债,民事,252
　　ex contractu 基于契约,146,172
　　ex delicto 基于不法,146,172,174

ex uariis causarum figuris 基于特殊案件事实,160,172
  meaning of 意义,147
  moral basis of 道德基础,250
  natural 自然的,250,252—253
  nature of 本质,145
  oaths as basis of 作为……基础的宣誓,251—252
  quasi ex contractu 准契约,257
  religious 宗教的,244
  will as basis of 作为……基础的意志,250
Occupation 先占,196,211
  as a legal transaction 作为一种法律交易,213—214
Office or calling, duties attached to 职务或职业,系于……的义务,173
Options 选择权,272,274
Ownership, analytical theory of 所有权、所有制,分析理论,222—224
  development of the idea of 理念的发展,221—231
  dogma that everything must be owned 所有东西都必须被拥有的口号,199
  things excluded from 从……中排出的物,199

P

Pacta donationis 赠与合约,272
Pacts 合约,248,250,261,275
Partition 分割,226—227,228
Part performance 部分履行,282
Paul, St. 圣·保罗,77
Peculium 私产,227—228
Pecunia credita 金钱债务,249
Pedis possessio 事实占有,222
Penal treatment, individualizing of 刑事处分,个别化,129—130
Penalty, for delict 刑罚,因不法,149
  of reparation 补偿的,149
Personal government 个人性的统治,135—136
Personality 人格、主体,191
Pessimism, juristic 悲观主义,法学,57
Petty courts 小额法庭,130,138
Philosophers, attempt to unify law and law making 哲学家,试图统合法律与造法,19
  attempt to reconcile authority with need of change 试图协调权威与改变之需求,19
  quest for an ultimate solving idea 要求一种终极的解决理念,19
Philosophical thinking, achievements of in law 哲学思想,在法律中的成就,16—18
  as a force in administration of justice 作为正义实施中的力量,16
  needs determining as to law 决定关于法律的需求,18
  possibilities of in law of contracts 契约法中的可能性,284

索　引

Plato 柏拉图,24,76
Pledge 宣誓,251
Political interpretation 政治解释,266
Positivism 实证主义,54—56
Possession 占有,233—234
Post-Glossators 后注释法学家,37
Pothier 波蒂埃,45
Primitive law 原始法,72—74
　faith of in verbal formulas 对语言表述的信仰,154
Primogeniture 长子制,50
Principles 原则,34,53,116
Procedure 程序,111
Proculians 普罗库卢斯派,196
Promised advantages 被允诺的好处,191
Promises,abstract 允诺,抽象,255,262,263
　an element in wealth 财富的一个要素,236
　exchange of 交换,254
　"from ostentation" 出于炫耀,256,280,281
　moral duty to keep 遵守道德义务,262
　philosophical theory of enforcing 执行的哲学理论,283
　simple 非封印,275
　theories of enforcing 执行理论,269—276
　theory of inherent force of 内在力量的理论,259—260

Promissory oath 允诺性宣誓,150—151,251
Property,acquisition of 财产,取得,194—200,204
　analytical theory of 分析理论,221—224
　basis in creation 在创造上的基础,209
　basis in division by agreement 在协议分配上的基础,205
　basis in economic nature of man 在人的经济本质上的基础,205,209
　community 共同体,229
　effectiveness of law as to 关于……法律的效用,193
　Grotius' theory of 格老秀斯的理论,205—207
　Hegel's theory of 黑格尔的理论,214—216
　historical development of law of 法律的历史发展,224—232
　historical theory of 历史理论,219,221—232
　household 家庭,226—227,229
　inequalities in 不平等,215,221
　in natural media of life 生活的自然媒介,201—202
　jural postulates of 法律预设,193,194
　Kant's theory of 康德的理论,210—214
　law of 法律,141

Lorimer's theory of 洛里默的理论,218

medieval theory of 中世纪理论,202

metaphysical theories of 形而上学理论,210—218

modes of acquiring 取得模式,194—202

"natural" acquisition of 自然取得,195

natural-law theories of 自然法理论,204—210

natural limits of right of 权利的自然限制,195

negative community in 消极共同体,207

philosophical theories of 哲学理论,194ff.

positive theory of 实证理论,219—221

psychological theory of 心理学理论,209,232,234

restrictions on appropriation of 占用的限制,88

restrictions on use and disposition of 处置与使用的限制,87—88

self-acquired 自得,227—228

seventeenth-century theory of 17世纪的理论,202

socialization of 社会化,233

social-utilitarian theory of 社会功效理论,225

sociological theories of 社会学理论,232

Spencer's theory of 斯宾塞理论,219

theories of 理论,202—225

theory of in Anglo-American law 盎格鲁-美国法中的理论,208

theory of in antiquity 取得理论,202

things not subject to 不可被……的物,197

titles to 授权、权利、资格,195—197,211

twentieth-century theories of 20世纪的理论,232

Protestant jurist-theologians 新教神学法学家,39

Psychology 心理学,90,94,279—280

Publicists, French 政治家,法国,111

Public utilities 公用事业,117,136

exemption of from competition 摆脱了竞争,88—89

power to contract 契约的权力,187

Pufendorf 普芬道夫,207—208

Punitive justice 报应正义,111

individualization of 个别化,134—135

Q

Quasi-delict 准不法,161,162

R

Ratio legis, doctrine of 法理之学说,32,46

Reason, excessive faith in 理性,过分信赖,39,46—47

Reform movement, legislative 改革运动,立法,47,85
Relations 关系,171
 duties attached to 系于……的义务,173
 economic value of 经济价值,192
 interference with 干预,192
 legal protection of 法律保障,193
Release 解除,272,274
Religion 宗教,242ff.
Reparation 赔偿,149
Representation 代理,179
Res communes 公用物,197,198,199,207,210
 extra commercium 不可流转,197,201,216,217
 ipsa loquitur 事实自证,180,185—186
 nullius 无主,199,205
 publicae 公共,198,210
 religipsae 神息,198
 ruinosa 脱落,162—163
 sacrae 神用,198
 sanctae 神护,198
Responsibility at one's peril 风险自负责任,167
Right, idea of 权利,理念,65
 natural and conventional 自然的与惯习的,15,25—26,31
Rights, in personam 权利,对人,146
 in rem 对世,147
Roman conception of end of law 法律目的的罗马观念,77—78
 jurisconsults 法学家,30,43
Roman law 罗马法,26,36,41,45,105—106,145,151,155,170,173—174,195,199,200,225,228,245—250,254,275
 as basis of medieval law 作为中世纪法的基础,40
 as basis of law in XVII and XVIII centuries 作为17、18世纪法的基础,41
 contribution of to legal philosophy 对法哲学的贡献,36
Rousseau 卢梭,214
Rules 规则,115—116
 adapted to commercial transactions 适于商业交易,141
  adapted to property 适于财产,141
  and discretion 与裁量,141—143
  application of 应用,142
  as guides 作为指引,121
  mechanical application of 机械应用,142—143
Rylands v. Fletcher 赖兰兹诉弗莱彻案,68,182—186

S

Sabinians 萨比尼安学派,196
Sale 售卖,249
Satisfaction of wants, as an ideal 需求满足,作为理想,98—99
Savigny, F. C. von 萨维尼,213

Scholastic philosophy 经院哲学, 36
　　permanent contribution of 永恒贡献, 38
Seals 封印, 240, 271, 275
　　contract under seal 封印契约, 255
Security of transactions 交易安全, 193, 237
Seisin 依法占有, 25
Self help 自助, 73
Seller's talk 售卖者的言辞, 280
Separation of powers 权力分立, 102—103, 107
Set off 开始, 250
Social contract 社会契约, 204
Social control 社会控制, 99, 225
Social engineering 社会工程, 社会设计, 99
Social ideal 社会理想, 56
　　as a measure of values 作为价值尺度, 98
Social interdependence 社会连带, 232
　　as a measure of values 作为价值尺度, 98
Social interests 社会利益, 99
　　in peace and order 在和平与秩序上, 148
　　in security of transactions 在交易安全上, 237
Social laws 社会法, 54—55
Social order, feudal 社会秩序, 封建的, 79—80
　　idealized form of the 理想化形式, 35
　　static 静态的, 85
Social sciences, unification of 社会科学, 统合, 91
Social status quo, as end of law 社会现状, 作为法律的目的, 35—36
Social utilitarianism 社会功效主义, 92—98
Socialists 社会主义者, 209
Society, Greek conception of 社会, 希腊观念, 79
　　jural postulates of civilized 文明的法律预设, 169—179
　　kin-organized 基于亲属组织, 73—74
　　medieval conception of 中世纪观念, 79
Sociology 社会学, 94
Sophrosyne 自制, 77
Sovereignty, Byzantine theory of 主权, 拜占庭理论, 40
Specification 具象化, 195
Specific performance 强制履行, 131—132, 238—240
Spencer, Herbert 斯宾塞, 84, 97, 201, 265
　　his law of equal freedom 他的平等自由法则, 219
　　his theory of property 他的财产论, 219—221

Spirit and letter 精神与文字,154
Standards,legal 标准,法律,51,114,116—120,129,141
Stare decisis 遵循先例,140
Status to contract 身份到契约,266
Statute of Frauds 欺诈法,282
Statute of Uses 用益权法,277
Stipulation 约定,246
　　of counsel 协商的,273,274
Stoics 斯多葛,197
Strict law 严格法,33,101,112—113,153,155,165,280
Substance,interests of 财产,利益,139,225
Super constitution 高级宪法,15,51
Symbols 符号,248

T

Teleology,legal 目的论,法律,92
Theories of law,elements in 法律理论,要素,70—71
Third-party beneficiaries 第三方受益人,273
Title,by creation 资格、权利,通过创造,195
　　by discovery 通过发现,195
　　by occupation 通过先占,196,211
　　"natural"自然的,195
"Tort of negligence"过失侵权,105
Torts 侵权,283
　　development of liability for 责任的发展,164—167
　　generalization of liability for 责任的一般化,167
　　law of 法律,117,167
　　nominate 有名,164,165,170,175,283
Traditio 交付,249
Trust,constructive 信托,建构性,173
　　gratuitous declaration of 无偿宣示,272,274
Twelve Tables 十二铜表法,249

U

Unjust enrichment 不公正获利,173,187
Utilitarians 功效主义者,267,268
Utility 功效,53

V

Value,criteria of 价值,标准,89,95—99
Vrihaspati 里哈斯巴蒂,243

W

Waiver 弃权,272,274
Wants,as juristic starting point 需求,作为法学起点,89—90
　　limitations on satisfaction of 满足的限制,97—98

satisfaction of 满足,89—90
Warranties 担保,174,249
Whale fishing 捕鲸,195
Will, as basis of liability 意志,作为责任的基础,157,169
　　as basis of obligation 作为义务的基础,250
　　as juristic starting point 作为司法起点,84,89
Will theory 意志理论,189
　　of contract 契约的,264—265
Williston, S. 威利斯顿,282
Wills, harmonizing of 意志,和谐,84,90,92—93
Workman's compensation 工人抚恤,167

图书在版编目(CIP)数据

法哲学导论/(美)庞德著;于柏华译. —北京:商务印书馆,2020(2023.11重印)
(汉译世界学术名著丛书)
ISBN 978-7-100-18382-6

Ⅰ.①法… Ⅱ.①庞…②于… Ⅲ.①法哲学-研究 Ⅳ.①D903

中国版本图书馆 CIP 数据核字(2020)第 069570 号

权利保留,侵权必究。

汉译世界学术名著丛书
法哲学导论
〔美〕庞德 著
于柏华 译

商 务 印 书 馆 出 版
(北京王府井大街36号 邮政编码100710)
商 务 印 书 馆 发 行
北京虎彩文化传播有限公司印刷
ISBN 978-7-100-18382-6

2020年8月第1版 开本 850×1168 1/32
2023年11月北京第2次印刷 印张 5⅜
定价:28.00元